ԿԵԱՆՔԸ ՀԱԼԷՊԱՀԱՅ ԳԱՂՈՒԹԷՆ ՆԵՐՍ

Մանուկ Յակոբեան

2023

ՏԴ 94(479.25):82–94

ԳՄԴ 63.3(5Հ)

Յ 255

Յակոբեան Մանուկ

Յ 255 Կեանքը Հալէպահայ Գաղութէն Ներս / Մ. Յակոբեան.–
Եր.:

Հեղ. հրատ., 2023 – 166 էջ:

Գիրքը կը պարունակէ կարճ պատմութիւններ՝ քաղուած
հալէպահայ գաղութի առօրեայ կեանքէն, զորս հեղինակը
ականատես եղեր է սկսեալ 1957 թուականէն, երբ ան երեք
տարեկան էր եւ սոյն կեանքի պատկերները սկսեր էին
դրոշմուիլ իր յիշողութեան մէջ, եւ վերջաւորեալ 1970 թուա-
կանը, երբ ընտանեօք փոխադրուեր է Լիբանան:
Պատմութիւնները ներկայացուած են դիտուած հեղինակին
մանկութեան եւ պատանեկութեան հայեացքով, պատկերե-
լով փիսուր եւ ուրախ վիճարաններ, զորս վեդի ունեցեր
են գաղութէն ներս, յեղգաղթականութեան տարիներուն:

ՀՏԴ 94(479.25):82–94

ԳՄԴ 63.3(5Հ)

ISBN 978–9939–0–4303–6 . Յակոբեան Մանուկ, 2023

ՇՆՈՐՀԱԿԱԼԱԿԱՆ ԽՕՍՔ

Այս գիրքը կը ձօնեմ հայերէնի ուսուցիչիս՝ պարոն Օննիկ Սարգիսեանի յիշատակին: Իւրաքանչիւր անգամ, որ շարադրութիւն մը ներկայացնէի որպէս հայերէն լեզուի դասաւանդութեան պարտականութիւն, պարոն Սարգիսեանը կը կրկնէր միեւնոյն նախադասութիւնը.- «*դղաս, դուն պապրմելու կարողութիւն ունիս, պէտք է գրես*»: Սակայն ինձի կը պակսէր ինքնավստահութիւնը՝ նման ձեռնարկ մը իրականացնելու:

Տարիներ երթք, ես այս նիւթին մասին կը պատմէի անդրանիկ մանչիս՝ Միքայէլին եւ կրտսեր մանչիս՝ Սարգիսին, երբ երկուքն ալ իրենց կեանքերը ապահոված էին անձնական աշխատանքով: Ես արդէն թոշակառու դարձած էի: Մանչերուս թելադրանքով եւ քաջալերութեամբ, ես սկսայ այս գործս, թէկուզ վարանելով: Եւ ահա, վերջին քաջալերանքը եկաւ պարոն Մովսէս Նաճարեանէն, հանճարեղ լեզուաբան եւ հայագէտ, որուն հետ ընկերական կապեր հաստատեր էի համացանցի միջոցով:

Կը յուսամ, որ այս գործս քեզի հաճելի կը թուայ, սիրելի՛ ընթերցող:

Կենսագրութիւն

Հեղինակը ծներ է Հալէպ, 1954 թուականին: Նախնական կրթութիւնը սպացեր է Մեսրոպեան Վարժարանէն ներս: Երկրորդական կրթութեան առաջին երկու տարիները յաճախեր է Լազար Նաճարեան վարժարան:

Հօրը մահէն քանի մը շաբաթ ետք, 1970 թուի աշնան, ընտանիքի մնացեալ անդամներուն հետ փեղափոխուեր է Պէյրութ, ուր իր երկրորդական կրթութիւնը շարունակեր է Պէյրութի Յովակիմեան-Մանուկեան եւ ապա Սուրէն Խանամիրեան վարժարաններէն ներս, վերջինէն սպանալով իր երկրորդական կրթութեան վկայականը:

Ապա իր բարձրագոյն ուսումը շարունակեր է Հայկազեան Գոլէճէն ներս, եւ չորս տարի ետք սպացեր է առեւտրական գիտելիքներու եւ հոգեբանութեան իր վկայականը:

Բարձրագոյն ուսման վկայականը սպանալէ ետք, հեղինակը մեկներ է Արաբական Միացեալ Էմիրութիւններ, ուր տասնամէկ տարի աշխատեր է զանազան գրասենեակներէ ներս: Նոյն ժամանակաշրջանին, ընտանիք կազմեր է իր կեանքի ընկերոջ՝ Ռիթային հետ, որուն ծանօթացեր էր Կիպրոսի մէջ, կարճատեւ արձակուրդի մը ընթացքին: ԱՄԷ ժամանումէն տասնամէկ տարի ետք, իր ընտանիքին հետ հաստատուեր է Նիկոսիա:

Մինչ այդ հեղինակը ութ տարի ծառայեր է որպէս ուսուցիչ Շարժայի միօրեայ հայկական դպրոցէն ներս, ապա երեք փարի Նիկոսիոյ Մելգոնեան Կրթական Հաստատութենէն ներս` որպէս հերթապահ:

Դժբախտաբար, հեղինակին փիկինը` Ռիթան, յիսունութ տարեկան հասակին մահացեր է, յետ երկարատեւ հիւանդութեան, ամուսնոյն թողելով երկու մանչ` Միքայէլն ու Սարգիսը:

Գրելու զաղափարը երկար ժամանակ առկայ եղած է անոր մտքին մէջ, սակայն կեանքի պայմանները զինք յարաֆեւորէն սպիպեր են նախ` մտածելու ամէնօրեայ ապրուսպին մասին: Ապա, սոյն զաղափարը մտքին մէջ կրկին ծագած է թոշակի անցնելէն եպք, եւ ան իր զաւակներուն քաջալերանքով ձեռնարկեր է սոյն երկի իրականացման:

ՀԱՅԿԱԿԱՆ ԹԱՂԱՄԱՍԵՐԸ

Մայրս կը պատմէր, որ երբ ջարդէ փրկուած հայերը Հալէպ հասան, նախ ապրեցան քաղաքի զանազան անկիւնները հաստատուած հիւղաւաններու (քէմբ) մէջ։ Կեանքը դժուար էր այս հիւղաւաններէն ներս։

Տեսնելով հայ գաղթականներու թշուառ վիճակը, Սուրբոյ իշխանութիւնները ժամանակ մը վերջ քաղաքի զանազան շրջաններուն մէջ գտնուող ազատ հողամասեր վրամադրեցին հայերուն, շատ չնչին գումարներու փոխարէն։ Անոնք որոնք գնեցին այս հողամասերը, իրենց ձեռքերով իսկ կառուցեցին երկյարկանի փուներ, ուր ապրեցան պաստամեակներ շարունակ։ Ես ծնայ այս փուներէն մէկուն մէջ։

Այս փուները ընդհանրապէս կը բաղկանային հինգէն եօթ սենեակներէ։ Իւրաքանչիւր վան գետնայարկը կը պարունակէր բակ մը եւ թիւով աւելի շատ սենեակներ, քան՝ վերնայարկը։ Այնպէս որ վերնայարկի մէկ մասը, ուր սենեակներ չկային՝ կը ծառայէր որպէս գետնայարկին վրայ գտնուող կարգ մը սենեակներու փանիքը եւ որ կ՚օգտագործուէր զանազան նպատակներու համար։ Օրինակ, այդ տարածութեան վրայ կը փռուին լուացուած հագուստները, պապէ ի պապ երկարած մեպադեայ թելերու վրայ։ Ամռան, հոն մեծ վաշտերու մէջ կը պեղադրուէին զանազան անուշներ, օրինակ՝ ծիրանի, վարդի, կեռասի, եւ այլ, արեւին պակ եփուելու համար։ Ես երբեմն այդ վաշտերուն վայրը կ՚այցելէի, պարզապէս արեւի ճառագայթին պակ հասունցող անուշներուն բոյրը շնչելու համար։ Դիւթիչ էր այդ բոյրը, որ

Շրջապատին մէջ կը վարածուէր փաշտերուն մէջէն: Իսկ փաշտերը կը ծածկուէին թիւլերով, անոնց պարունակութիւնը պաշտպանելու համար միջապտներէն: Դարձեալ ամռան, փանիքներուն վրայ կը փռուէին անկողիններ, ուր բնակիչները կը բնանային գիշերները, բաց երկինքի տակ: Առաւօտուն, երբ արեւը ծագէր, անկողինները կը ծալլուէին եւ կը գետեղուէին յարակից պատին տակ:

Երեկոյեան, հագիւ արեւը մար մտնէր, անկողինները դարձեալ կը փռուէին սաւաններու վրայ: Տանիքին վրայ բնանալը շատ հաճելի էր, որովհետեւ ամռան ամէնապտաք օրերուն անգամ, գիշերները հով գով էր: Այնքան գով, որ մայրերը իրաքանչիւր երեխայի փորին երկար լաթեր կը կապէին նախքան անկողին մտնելը, որպէսզի անոնք գիշերը չմսէին:

Այն թաղամասը, ուր մեր ընտանիքը կը բնակէր, կը բաղկանար իննը հաւասարաչափ քառանկիւն փարածութեան վրայ կառուցուած բակով փուներէ: Իրաքանչիւր փան կողքի պատը կպած էր յաջորդ փան կողքի պատին, եւ այսպիսով կողք կողքի շարուած փասը փուները կը կազմէին փուներու շարան մը: Այս փասը փուներու կռնակի կողմը կառուցուած էին դարձեալ նոյնանման փուներ, այսպիսով կազմելով երկու զուգահեռ փասը փուներու շարան: Այս փասը փուներէն առաջինն ու վերջինը փարածութեամբ աւելի լայն էին, բայց խորութեամբ նուազ քան միւսները, այնպէս որ այս երկու փուներուն եւ յաջորդ շարանին վրայ գտնուող առաջին եւ վերջին փուներուն միջեւ սեղմուած էին երեքական փուն եւս, որոնց մեծ մասը վերածուած էր խանութի: Ուստի իրաքանչիւր քառանկիւն բաղկացած էր քսանվեց փուներէ: Պատկերը կը կրկնուէր մնացեալ ութ քառանկիւն

պարածութիւններուն վրայ, այնպէս որ միայն մեր թաղամասը կը ներկայացներ երկու հարիւր երեսունչորս փուն,
ներառեալ այն փուները, որոնց փողոցը նայող սենեակները
վերածուեր էին խանութներու։ Այդ խանութներուն եփելը
կային աւելի փոքր դուռեր, որոնք այդ փան բակին կը
բացուէին։ Տանփերը, որ նաեւ խանութին փերն էր, այդ դուռէն
կ'անցնէր փունէն խանութ մտնելու համար եւ հակառակը։
Տան մնացեալ սենեակները կը ծառայէին որպէս անոր բնակարանը։ Այդ խանութներուն մեծամասնութիւնը նպարավաճառի խանութներ էին, որոնց փերերը, բացի մէկէն՝ հայեր էին։
Իսկ այդ մէկ նպարավաճառը Սուպիին էր, որ իր հայ
յաճախորդներուն հետ կը խօսէր կէս-կապար հայերէն կամ
թրքերէն, նայած թէ ով էր յաճախորդը։ Սուպիին գրքէթ
որդեգրած էր հայկական կեանքի ոճը։ Ան նոյնիսկ իր երէց
որդին յանձնած էր հայ արհեստաւորի մը, որպէսզի ան սորվի
վերջինին արհեստը, յայտարարելով՝ *«Էթը սանա, կեմիքի
պանա»* (թրքերէնով՝ միսը քեզի, ոսկորը ինծի)։ Այս կը
նշանակեր որ վարպետը իրաւունք ունէր իր աշկերտին
նոյնիսկ ապտակելու, սակայն ոչ սպաննելու (նման հայկական առածին, որ կ'ըսէ՝ «զարկ ըսինք, մեռցուր չըսինք»)։

Ամբողջ թաղամասին մէջ կար միայն մէկ մսավաճառ՝
Ահմէտը, որ դարձեալ իր հայ յաճախորդներուն հետ կը խօսէր
կէս-կապար հայերէն կամ թրքերէն։ Կար նաեւ միայն մէկ
սափրիչ՝ Նուպա որ, որ կ'ապրէր մէկ այլ թաղամասի մէջ եւ
ամէն առաւօտ ժամը ութին կը բանար իր սափրչապունը եւ կը
փակեր ցայն երեկոյեան ութին։ Տարուայ յարմար եղանակներուն, ան քանի մը աթոռներ եւ փոքր սեղաններ կը փեդաւորեր իր խանութին դիմացը գտնուող մայթին վրայ, ուր
մեր կամ յարակից թաղերուն մէջ ապրող կարգ մը փողա-

մարդիկ նարդի կը խաղային: Երբեմն այդ խաղը գրաւի վրայ կը խաղային, այնպէս որ մայրս ինծի խսփիւ կը պապուիրէր` երբեք չմօտենալ այդ սեղաններուն, վախնալով որ օր մը ես ալ այդ խաղին մոլին կը դառնամ: Եղբայրս սակայն, սիրահարն էր այդ խաղին: Կը խաղար երբեմն պարզապէս ժամանցի համար, երբեմն ալ` գրաւի վրայ: Երբ մայրս իմանար, որ եղբայրս այդ սեղաններուն առջեւ նստած նարդի կը խաղար` զիս կը ղրկէր անոր մօտ, ըսելու համար որ փունը ինչ որ կարեւոր գործ մը կայ, որուն համար եղբօրս ներկայութեան կարիքը կայ: Երբօրս պատասխանը գրեթէ միշտ նոյնն էր. «Գնա՛ մամային ըսէ, որ շուտով կուգամ»:

Իսկ «շուտով» գալը կը նշանակէր, որ փուն պիտի վերադառնար երկու կամ երեք ժամ եդրք... Այդ խանութներէն մին ալ կը պատկաներ Արտաշ պապիկին, ուր ան կը հիւսէր կարպետներ: Թաղեցիները, ինչպէս նաեւ այլ թաղամասերու մէջ ապրող մարդիկ, հնամաշ հագուստները կապոցներու մէջ լեցնելով, կը յանձնէին Արտաշ պապիկին, որոնցմով ան գոյնզգոյն կարպետներ կը հիւսէր եւ զանոնք կը վերադարձնէր իրենց տէրերուն, փոխարէնը որոշ ձեռավարձ սպանալով:

Ես երբեմն անոր խանութի փեղկին առջեւ կանգնած, կը դիտէի թէ ինչպէս Արտաշ պապիկը նախ կը կտրատէր լաթերը, որպէսզի անոնցմէ գունաւոր թելեր կազմէր եւ ապա թելերը իրարու կապելով, գոյնզգոյն եւ նախշուն կարպետներ կը հիւսէր: Իսկ ամբողջ թաղամասն ունէր երկու փուռ, որոնցմէ մին կը պատկաներ սատունցի Մկոյին, իսկ միւսը` ուրֆացի Գեւոյին: Փուռը ընդհանրապէս ընդանեօք աշխատանք կը պահանջէր, այնպէս որ ընտանիքի մէկէ աւելի անդամները իրենց ներդրումը ունէին յաջող գործի համար: Առհասարակ

Հալէպի մէջ բանող փուռերուն մեծամասնութիւնը կը պապ-
կաներ սասունցիներուն:

Հարկ է յիշեցնել, որ այս վերջիններուն մէջ կային նաեւ
սասունցիներ, որոնք Հալէպ ապաստաներ էին 1890–ական-
ներուն կազմակերպուած Սասունի ջարդերէն ազատելով:
Այդ թուականներուն, Հալէպի մէջ աւելի քիչ թիւով հայեր
կային, հետեւաբար այդ ժամանակներուն Հալէպ եւ Լիբանան
հասնող սասունցիները լաւ փիրապետեցին արաբերէն
լեզուին: Աննցմէ ումանք, որ ծներ էին Սուրիա կամ Լիբանան,
նոյնիսկ մռցեր էին հայերէն լեզուն: Աւելի՛ն, ես հանդիպեր
եմ մարդող, որոնք բնակութիւն հաստատեր են Սուրիոյ այլ
քաղաքներուն մէջ եւ ինծի յայտնեցին թէ այո՛, իրենք
ազգութեամբ հայեր են եւ այդ քաղաքները հասեր են
Սասունէն, սակայն այժմ որպէս արաբներ կ'ապրին...

Մեր թաղի վերի մասը կ'ապրեր սասունցի ընտանիք մը,
որուն վան հայրը՝ Հովոն, 1915-ի ջարդերէն Հալէպ հասեր էր
Սասունէն, փասը փարեկան հասակին: Կ'աշխապեր որպէս
բեռնապար մեքենայի վարիչ, ինչպես իմ հայրս: Ժամանակ մը
այնպես պապահեր էր, որ Հովոն իր մեքենային բեռը պիտի
փոխադրեր Թուրքիա, Սասունէն ոչ հեռու գիւղ մը: Առիթէն
օգտուելով, Հովոն իր մեքենայով այցելեց իրենց գիւղը,
ծննդավայրի կարօտն առնելու համար: Վերադարձին իր հետ
բերաւ մէկ մեծ շիշ ջուր, լեցուած՝ Սասունի մեծ թիւով ջեր-
մուկներէն: Ապակեայ շիշը այնքան մեծ էր, որ երկու հոգիով
հազիւ կարելի էր վերցնել: Երբ փուն հասաւ, իր աւագ փողուն
օգնութեամբ շիշը գեպեղեց մայթին վրայ եւ բարձրաձայն
կանչելով թաղեցիները. «Եկէ՛ք, Սասունի ջուր բերեր եմ, եկէ՛ք
եւ խմեցէ՛ք»:

Շուտով թաղեցիները հաւաքուեցան ջերմուկի ջուրով

լեցուած շիշին մօտ: Իրաքանչիւրն իր հետ բերաւ իր գաւաթը: Նոյնպէս մեր ընտանիքի անդամները: Եւ խմեցինք ջուրը այնպէս, ինչպէս որ եկեղեցիի օրհնուած ջուրը կը խմենք: Շափեր նոյնիսկ խաչակնքեցին նախքան խմելը: Ես հազիւ կրցայ մէկ ումպ խմել: Շափ ծանր էր, աւելի ծանր քան այն բնական ջուրը, ներմուծուած՝ այս կամ այն եւրոպական երկիրներէն, որոնք ներկայիս շիշերու մէջ կը ծախուին մեծ խանութներու մէջ: Օրեր շարունակ բեռնակառքի ցնցում- ներուն ենթակայ ըլլալով հանդերձ, ջուրի քիմիական պա- րունակութիւնը փակային զգալի էր քիմքիս վրայ:

Հովոյի կրտսեր փղան՝ Կարոն, իմ դասընկերս էր: Հայ- րենի ջուրը խմելու արարողութեան յաջորդող ամիսներուն, Կարոն ամէն առիթով հպարտօրէն կը յիշեցնէր մեզի. – «Հայրս եթէ չըլլար, դուք Սասունի օրհնուած ջուրը չէիք խմեր»:

Օր մը, Հայոց պատմութեան դասի ընթացքին ուսուց- չուհին աշակերտներուն հարցուց, թէ ինչպէ՞ս Սանասարն ու Պաղտասարը զօրացան: Կարոն անմիջապէս բարձրաձայն պատասխանեց.

– Ե՛ս գիտեմ: Անոնք մեր գիւղը գտնուող չերմուկի ջուրը խմեցին եւ հզօրացան:

Ուսուցչուհին քմծիծաղով իր գոհունակութիւնը յայտ- նեց այդ պատասխանին:

*

* *

Թաղամասին մէջ կը բնակէին երկու փղամարդիկ, որոնք կօշիկի վերաբերող արհեստով կը զբաղէին: Անոնցմէ մին Կարապիսն էր, որ իր փան սեննակներէն մէկը վերածեր էր արիեսպանոցի, ուր հնամա2 կօշիկներ կը կարկպէր:

Միւսը կնքահայրս՝ Գէորգն էր, բայց ան միայն նոր կօ- 2իկներ կը կարեր, դարձեալ իր փան մէջ եւ երբեք կարկտելով չէր զբաղեր: Տարիներ եպք, երբ գործը արդէն բաւական յաջող էր եւ աւելի մեծ թիւով յաճախորդներ ունէր, կնքա- հայրս իր անձնական խանութը կերպեց, ուր աշխատեցաւ աւելի քան քառասուն փարի:

Կօշիկներ կարելէ զատ, կնքահայրս նաեւ հեղաբրքրու- թիւն ունէր երաժշտութեան հանդէպ: Սորվեր էր *ակորդիոն* նուագել՝ գործնական, առանց երաժշտական յաֆրուկ դասե- րու հեպելու: Կը յիշեմ, երբ որեւէ նոր երաժշտութիւն ուշի ուշով լսեր ճայնասփիւռէն, այդ երաժշտութեան եղանակը 2ուրով կը նուագէր, թէեւ ոչ ամբողջովին անսխալ: Յաջորդ անզամ որ ճայնասփիւռէն լսեր զայն, կը նուագէր այդ երաժշտութեան հեպ զուգահեռ եւ ահա արդէն փիրապեպած էր անոր: Քանի մը համախոհ ընկերներու հեպ կազմեր էր նուազախումբ մը եւ անոնց հեպ միասին ելոյթ կ՚ունենար զանազան խրախճանքներու ժամանակ, ինչպէս՝ նշանդրուք, հարսանիք, կնունք, եւայլն: Խումբը ելոյթ կ՚ունենար հայերէն, արաբերէն եւ անգլերէն լեզուներով, թէեւ խումբի անդամ- ներէն ոչ ոք անգլերէն գիտէր: Նոյնանման խումբեր կազմուեր էին այլ երաժշտասէր անձանց կողմէ, որոնք թէեւ արհես- պավարժ չէին, սակայն առիթ ընծայեցին ապագայ սերունդի արհեսպավարժ եւ յաջողակ երաժիշտներուն, որ երզեն եւ նուագեն հայկական ժողովրդական երգեր: Այդ յաջողակ երաժիշտներու շարքին էին կնքահօրս երկու մանչերը:

Վաղեմի հայկական հարսանեկան սովորութիւններ կը շարունակէին գոյապեւել Հալէպի հայկական գաղութէն ներս:

Այդ սովորութիւնները իրենց հետ հայրենիքի զանազան քաղաքներէն եւ գիւղերէն բերեր էին Հալէպ հասնող գաղթականները: Այդ զանազան սովորութիւնները միածուլուելով, սպացուեր էր փեսակ մը փեղական երանգաւորում: Ամուսնանալ փափաքող զոյգերը, ինչպէս նաեւ անոնց ընտանիքի անդամները, ընդհանրապէս հաւատարմաբար կը հետեւէին այս սովորութիւններուն: Բացառութիւն կը կազմէին օրինակ ընտանիքներ, որոնք պաղպուկեն չէին ախորժեր, կամ եկամուտի խնդիր ունէին, եւայլն: Այս պարագաներուն, հարսանիքները փեղի կ'ունենային գողտրիկ ու անձայն:

Գործընթացը կը սկսեր այսպես: Ապագայ փեսացուն, հաւատալով որ ալ «հասունացեր» էր եւ կարող էր իր անձնական աշխատանքով ընտանիք կազմել ու ապահովել իր ընտանիքի ապրուստը, իր նպատակը կը յայտնէր ծնողքին: Եթէ վերջինները համամիտ էին, չուտով իրենց հաւանութիւնը կը յայտնէին իրենց զաւկին:

Եւ կը սկսեր փնտռտուքը: Եթէ փղան հաւներ էր աղջիկ մը, զոր ան փեսեր էր ինչ որ փեղ մը, ապա ծնողքը կը դիմեր ծանօթի մը, որ մօտիկէն կը ճանչնար նաեւ աղջկան ընտանիքը, որպէսզի միջնորդի դեր խաղար:

Վերջինը կը դիմեր աղջկան ընտանիքին եւ եթէ հաւանութիւն սպանար, կը նշանակուեր օրը, երբ փղան իր ընտանիքի եւ միջնորդի մասնակցութեամբ կ'այցելէր աղջկան տունը: Աղջկան ընտանիքն իր պատասխանը կ'ուղարկեր քանի մը օր եղբ, դարձեալ միջնորդին միջոցաւ:

Եթէ պատասխանը այո էր, այն ապեն կը սկսեր առարողութիւններուն շարքը – խօսքկապ, նշանդրուք, փոխադարձ այցելութիւններ եւ ընկերակցող կերուիսում, եւ վերջապես պսակի արարողութիւն եւ հարսանիք: Oժիդի գուցաղրությունը կը կազմէր վերջին արարողութիւնը, պսակէն առաջ: Օժիտը մեծամասնութեամբ կազմուած կ՚ըլլար աստեղնազործերով, զորս հիւսած էր ինքը՝ հարսնցուն, պապանի պարիքէն սկսեալ: Մնացեալը կը ներկայացնէր աստեղնազործեր, զորս ան ժամանակին որպէս նուէր սպացեր էր մորմէն, քոյրերէն, կամ այլ ազգականուհիներէ եւ ընկերուհիներէ: Հարսնցուն իր ձեռագործները կը փեղադրեր բազմոցներու, աթոռներու, կամ փիւաններու վրայ, եւ յաջորդ օրերուն կամ շաբաթներուն ընթացքին, իր մօտիկ ընկերուհիները, ազգականուհիներն ու դրացուհիները կ՚այցելէին դիտելու համար օժիտը: Ձեռագործներու քանակն ու որակը կ՚որոշէր թէ օժիտը ի՛նչ փպատորութիւն պիտի թողեր այցելուներուն վրայ: Եւ մեկնաբանութիւնները կը փարածուէին կայծակի արագութեամբ:

— Քա՛, փեսա՛ր Մարալին օժիտը: Ի՛նչ հնարքներու փեր աղջիկ է: Սեներակին մէջ փեղ չկար որ ձեռագործ մը չփեսնուէր,— այցելուներէն մին կ՚ըսէր իր խօսակիցին:

— Գեղեցիկ էր, բայց ո՛չ այնքան գեղեցիկ, որքան գեղեցիկ են Եղսիկիս ձեռագործները,— իր կարծիքը կը յայտներ միւսը:

— Աստուած օրհնէ անոր ապագայ ընտանիքը,— կ՚աւելցներ բարեպաշտ այցելու մը:

Եւ այսպէս շարունակ:

Կը պապահեր, որ հարսին կամ փեսային ընտանիքները հմուտ չէին հարսանեկան սովորութիւններուն: Սակայն սա անլուծելի խնդիր չէր: Շուտով բեմ կը բարձրանային արհեստպավարժ կիներ, որոնք ամէնայետփին մանրամասնութիւններուն անգամ փեղեակ էին: Այդ կիները յաճախ նաեւ միջնորդի դեր կը կապարէին, քանզի իրենց պաշտոնին շնորհիւ շապ աւելի մարդոց հետ շփում ունէին: Իրենց ծառայութեանց փոխարէն որեւէ հատուցում չէին սպաննար, սակայն իւրաքանչիւր խրախճանքի կամ կերուխումի հաւաքներուն ներկայ էին եւ անոնք գոհ էին այս դրութենէն:

Այդ կիներէն էր Սրբուկը, որ կ'այրէր մեր փունէն երկու դուռ անդին: Սովորութիւն ունէր իւրաքանչիւր առաքելութենէ ետրք այցելել դրացիներէն մէկուն փունը, իր կարգին նաեւ մեր փունը եւ մանրամասնօրէն պատմել փեղի ունեցած հերթական հարսանեկան անցուդարձին մասին: Շնորհիւ Սրբու-կին, մենք գիտէինք թէ հարսնցուին հարսանեկան հագուստը քանի՞ կ'արժէր, թէ ապարանջան՝ զոր կեսուրը նուիրեր էր, որքա՞ն կը կշռեր, թէ կնքահայրը ի՞նչ նուէրներ կը պապ-րաստուէր նուիրել գոյգին, եւայլն: Տունէն չէր հեռանար մինչեւ վերջին մանրամասնութիւնները փեղեկացնելը եւ միայն այն ատեն հրաժէշտ կուտար եւ զլուխը վեր բարձ-րացնելով՝ հպարտօրէն դուռէն դուրս կու զար, գոհունա-կութիւն զգալով, որ դժուար գործ մը եւս յաջողութեամբ պսակեր էր:

Ես երբ փոքր երեխայ էի, կը կարծէի թէ որեւէ թաղի մը բնակիչները բնականաբար կը ծնէին որպէս փիզրանա-կերփցի, ապանացի, մարաշցի, սասունցի կամ որեւէ այլ քաղաքացի: Միայն երբ արդէն խելահաս պատանի դարձայ հասկցայ, թէ իւրաքանչիւր ընդանիք իր իւրայատուկ պատ-մութիւնն ունէր...

Մեր փունը թաղին միջնամասին վրայ կը գտնուէր: Երբ փունէն դուրս գալով դէպի աջ թեքուէի, մինչեւ թաղին ան-կիւնը հասնիլս, կ'անցնէի զանազան փունեերու կողքէն, որոնց բնակիչները փարբեր քաղաքացիներ էին, օրինակ՝ սա-սունցիներ, մարաշցիներ, զէյթունցիներ, մալաթիացիներ,

ելայն: Իսկ եթէ դեպի ճախ թեքուէի, ապա կ՛անցնէի փուն-
ներու կողքէն, որոնց բնակիչներն էին փիզրանակերպցիներ,
ուրֆացիներ, այնթեպցիներ, սսեցիներ, ելայլն: Տեսարանը
նոյնն էր, շրջանի այլ թաղերուն մէջ՝ մշեցիներ, ապանացիներ,
կեսարացիներ, ելայլն: Իրաքանչիւր ընտանիք, իր փան մէջ
իր իւրայատուկ բարբառով կը խօսէր: Կը պատահէր, որ երբ
սասունցի ընտանիքի մը փան առջեւէն անցնէի, կը լսէի
օրինակ, Սիրանը կը կանչէր իր փոքր եղբօրը, որ ամառուան
պաքին փողոցը կը խաղար.

— Կարո՛, թան խմի՛ս:

— Խմի՛մ — կը պատասխանէր Կարոն եւ անմիջապէս
խաղը թողելով, կը վազէր փուն սառն թանը խմելու:

Կամ ալ, ճմռան ամպոպ օր մը, գէյթունցի Անայիս մայ-
րիկը իր աղջկան՝ Մարոյին կը կանչէր.

— Մարո՛, անճրիւ կոզգո (Մարո՛, անճրեւ կուզայ):

Որուն որպէս պատասխան, Մարոն արագ քայլերով
փանիք կը հասնէր, լուացքը հաւաքելու:

Ինձի համար քիչ մը անհասկնալի էր բարբառներէն
միայն վերջինը: Կը պատահէր, որ Անայիս մայրիկը փողոցի
 դռան շեմին կանգնած կը կանչէր զիս, խնդրելու համար որ
երթամ եւ նպարապունէն ինչ որ բան գնեմ իր փան համար:
Այս խնդրանքը գէյթունցիի բարբառով կ՛արտայայտէր: Ես իր
ճեռքէն դրամը կ՛առնէի եւ ինձի թելադրուած առաքելութիւնը
կատարելու համար նախ մեր փունէն կ՛անցնէի, եւ Անայիս
մայրիկին խնդրանքը բառ առ բառ կը կրկնէի մօրս, որ իր
կարգին կը թարգմանէր այդ խնդրանքը մեր խօսակցական
լեզուին, որմէ եպրք անմիջապէս կը կատարէի առաքելութիւնս:

Մայրս մարաշցի էր եւ իր մօրմէն սորվեր էր Մարաշի
բարբառը, որ շատ նման էր Զէյթունի բարբառին:

Թաղին մեծ սակայն կ՚ապրէին ընտանիքներ, որոնց աւագ անդամները հայերէն չէին գիտեր: Անոնք միայն թրքերէն գիտէին: Ծներ էին արեւմտեան Հայաստանի այն գիւղաքաղաքներուն կամ գիւղերուն մէջ, ուր բնակչութեան մեծ մասը թուրքեր էին եւ կամ թուրք զինուորներու ճնշումին ազդեցութեամբ, թրքերէնը հաղորդակցութեան միակ լեզուն էր: Ժամանակի ընթացքին Հալէպի մէջ քիչ մը հայերէն սորվեր էին հարեւաններէն եւ հայկական դպրոցներ յաճախող զաւակներէն ու թոռնիկներէն, սակայն կը դժուարանային սահուն հայերէն խօսիլ: Հետեւաբար անոնք մեզ, երեխաներուս հետ` թրքերէն կը խօսէին, որուն մենք կը պատասխանէինք հայերէն:

Կը յիշեմ, երբ երեկոյ մը մէկ թրքախօս ծերունի մեր փան հիւրն էր, խօսակցութեան ատեն մեծ քոյրս անոր հարց փուաւ թէ ան իր գիւղին մէջ ինչո՛ւ հայերէն չէր խօսեր իր ընտանիքի անդամներուն հետ, եւ թրքերէն` իր թուրք հարեւաններուն հետ: Ծերունին երկա՛ր շունչ մը քաշելէ ետք պապմեց թրքերէն լեզուով, թէ ինչպես յաճախ թուրք զինուորները յանկարծ հայ փան մը դուռը կոփրելով ներս կը մտնէին ու սուրը ծեռքին` փնեցիններուն զլխուն կը զորային:

— Թրքերէ՛ն կը մփածէք, թէ հայերէն:

Նման պարագային ո՛վ կրնար յանդգնիլ մայրենի լեզուով խօսիլ...

*

* *

Մեր թաղամասը կարծես ամբողջ երկիր մը կը ներկայացնէր` իր իւրայատուկ բարբառներով ու փոհմիկ սովորութիւններով: Չկար թաղ մը, որուն բնակիչները ամբողջ-ջութեամբ արեւմտեան Հայաստանի նոյն քաղաքէն կամ զիւ-դէն եկած ըլլային: Կը պատահէր, որ երկու կամ երեք կողք-կողքի գտնուող փողերուն բնակիչները նոյն փեղէն եկած ըլլային, սակայն այդ պատահականութեան արդիւնք էր միայն: Իրաքանչիւր փան երէց անդամ, որ ծներ էր մայր հողին վրայ եւ եկեր` հասեր էր Հալէպ, իր դրացիին հետ կը խօսէր իր իւրայատուկ բարբառով եւ դրացին` իր կարգին, կը պատասխաներ իրեն յատուկ բարբառով: Վերջաւորութեան սակայն, ամէնքն ալ գիրար կը հասկնային: Իսկ ժամանակի ընթացքին, նոր սերունդը կը խօսէր միեւնոյն բարբառով, այն բարբառով, որ ամէնքս կը խօսէինք դպրոցներէն ներս: Հեղգհեղղէ մոռացութեան կը մափնուէին փոհմիկ բարբառ-ները: Ես չեմ գիտեր օրինակ, քանի՛ անձ, որոնց նախնիները եկեր էին Զէյթունէն, այսօր կը խօսին Զէյթունի բարբառով, կամ առնուազն գիտեն այդ բարբառը:

Մեր թաղամասէն քիչ անդին, հինգ կամ վեց վայրկեան հեռաւորութեան վրայ կը գտնուէին աւելի մեծ հայկական թաղամասեր, ուր փեսարանը կը շարունակուէր գրեթէ նոյ-նութեամբ, այն փարբերութեամբ, որ աննոք երթալով կը մօտենային քաղաքի կեղրոնին: Հեփեւաբար, այդ թաղերուն մէջ կը գտնուէին դպրոցներ, արհեստպանոցներ, նամակատուն, եւ վաճառապուներ, ուր կը վաճառուէին, օրինակ, կօշիկներ, փան պիտոյքներ, եւայլն: Աւելի անդին, քաղաքի կեղրոնը, կային շարժապատկերի սրահներ, ուր կը յաճախէինք Կի-րակի օրերը, ինչպէս նաեւ զոց չուկաներ եւ ի հարկէ` ոս-կերիչներու չուկան, ուր հայ ոսկերիչները կը գերազանցէին իրենց պատրաստած զանազան փեսակի ոսկեղէններով:

Ես այդ արհեստպանոցներէն մէկուն ու միւսին մէջ աշ-

խապեցայ չորս տարի, նախակրթարանի ուսումնական վեր-
ջին տարիներուս, ամառուայ արձակուրդի շրջանին: Չէի սի-
րեր նման աշխատանք, սակայն ակամայ կ'աշխատէի, որով-
հետեւ ընտանիքս պէտք ունէր այդ քանի մը ոսկիներուն, զորս
ես իւրաքանչիւր շաբաթ օր կը սպանայի: Դրամը լիովին կը
յանձնէի մօրս, որ իր կարգին անոր որոշ մասը ինծի կու տար՝
որպէսզի Կիրակի օրը շարժապատկեր դիտէի: Այդ դրամով
ես նաեւ աղանդեր կը գնէի, որպէսզի շարժապատկերը
դիտելու ատեն գայն ճաշակէի, ինչպես սովորութիւն էր այդ
ժամանակ: Ես կը ցանկայի ամառուայ արձակուրդս փունը
անցընել, գիրքեր կարդալով եւ ի հարկէ ընկերներուս
հետ գնդակ խաղալով:

Ես իմացեր էի եղբօրմէս եւ երկու երէց քոյրերէս, որ
նախքան կանոնաւոր դպրոցներու հիմնուիլը, երեքն ալ
սկիզբը յաճախեր են մեր տան մօտակայ տան մը մէջ գործող
դպրոց մը, զոր հիմներ էր վաթսուն տարին բոլորած, գրել
կարդալ գիտցող հայորդի մը: Ի հարկէ միայն հայերէն
լեզուով կը դասաւանդուէին ամէնօրեայ դասերը:

Աշակերտները գբոսանքի պահը կ'անցընէին տան բա-
կին մէջ: Ցեւրագային, հայ մտաւորականներու ջանքերով եւ
բարերար հոգաբարձուներու շնորհիւ հիմնուեցան կանոն-
նաւոր դպրոցներ: Ես մանկապարտէզի առաջին դասարանը
յաճախեցի նորակառոյց շէնքի մը մէջ: Շուտով հիմնուեցան
այլ կանոնաւոր դպրոցներ ալ:

Այն դպրոցը, ուր ես կը յաճախէի, մեր յարակից թա-
ղամասին մէջ կը գտնուէր: Կը պատահէր, որ երբեմն կեսօրէ
եպք դպրոցէն արձակուելէ եպք, ուղղակի փուն վերա-
դառնալու փոխարէն, քանի մը ընկերներու հետ կ'երթայի
դպրոցէն աւելի հեռու գտնուող դաշտը, գնդակ խաղալու: Հոն

հասնելու համար պայման էր անցնիլ թաղէ մը, ուր քանի մը արհեստանոցներ կային։ Իսկ ես կը սոսկայի, նոյնիսկ երբ մօտքէս անցներ արհեստանոցի գաղափարը։ Եւ երբ արդէն հասնէինք այդ փտեղերը, ձեռքերս կը դողային ու գիրքերու պայուսակս ձեռքէս կ՚իյնար։ Եդր կը վերցնէի պայուսակս ու արագ քայլերով կը հեռանայի, կարծես բանտէն փախչող կալանաւոր մը ըլլայի։

Տարիներ շարունակ կը մտածէի, թէ ինչո՞ւ չէի սիրեր արհեստը, երբ շապ մը դասընկերներ կամ թաղեցի ընկերներ սիրով կ՚աշխատէին այդ արհեստանոցներէն ներս։ Իսկ ես պարզապէս չէի հանդուրժեր կարգ մը վարպետներու հրամայողական թելադրանքները՝ աշխատանքի վերաբերեալ։ Օրինակ, ամառ մը երբ երկաթագործ վարպետ Արշակին արհեստանոցը աշխատեցայ՝ որեւէ հրահանգ այսպէս կ՚ընթանար։

– Ծօ՛ տղայ, հնոցին մէջ հանքածուխ աւելցո՛ւր, արագ շարժի՛ր։ Ծօ՛, քեզի կ՚ըսեմ, հով փո՛ւր, հիմա կրակը պիտի մարի։ Դայրո՛ցն ալ այսպէս ծոյլ ես։

Եւ այսպէս շարունակ։

Հայ արհեստաւորներու այս իսպառապահանջութիւնը սակայն, չէր նշանակեր որ անոնք բիրտ մարդիկ էին։ Անոնք պարզապէս կը փափաքէին դարաւոր հայ արհեստի մակարդակը բարձր պահել, մակարդակ մը, որ երկար ժամանակ գովեստի արժանի եղած է աշխարհով մէկ։ Վարպետ Արշակը կ՚ակնկալէր որ ես ալ, իմ կարգիս, հասնէի նոյն մակարդակին։ Սակայն ես այլ ծրագիրներ ունէի։ Մեծ սէր ունէի գիրքի հանդէպ եւ անհրաժեշտ ջանքը գործադրելով ապագայ տարիներուն բարձր պաշտօններ վարեցի համաշխարհային մակարդակի ընկերութիւններու գրասենեակներէն ներս, Արաբական Ծոցի երկիրներէն մէկուն մէջ:

Անգամ մը, վարպետ Արշակէն արտօնութիւն սպացայ, որ յաջորդ օրը քիչ մը ուշ գամ աշխատանքի: Տարեվերջի վիճակացոյցները պիտի բաժնուէին եւ իրաքանչիւր աշակերտ պարտաւոր էր անձամբ ներկայ ըլլալ այդ գործընթացին, որպէսզի ուսուցիչներէն սպանար պապշած մեկնաբանութիւններ, զանազան դասերու մասին: Այդ տարի նախախկրթարանի չորրորդ դասարանի աշակերտ էի: Սովորութիւն էր, որ նախքան իրաքանչիւր աշակերտի արդիւնքներուն մասին խօսիլը, կը ծանուցուէր առաջնակարգ երեք աշակերտներու անունները: Մեր դասարանցի աշակերտներուն արդէն երեք տարի յայտնի էին այդ անունները – Սօնան, Էլիզապէթը, եւ Մակին, երեք փայլուն մտքի տէր աղջիկներ, որոնք իրարու հետ կը մրցէին նախակրթարանի առաջին երեք տարիներուն ընթացքին: Այդ տարի սակայն, ես եւ երեք դասընկերուհիներս հաւասար ընդհանուր արդիւնք սպացեր էինք, ուստի եւ դասպիարակը նոյն երեքին անուններուն կողքին, կարդաց նաեւ իմ անունս, որպէս առաջնակարգ չորս հաւասար աշակերտներ: Որպէս նուէր սպացայ քանի մը գիրքեր եւ թանկագին գրիչներ:

Շուտով փուն վերադարձայ, մաքուր հագուստներս փոխարինեցի գործի հագուստներով եւ շպապեցի ղեպի արհեստանոց: Վարպետ Արշակը կարճ դադար առած` հարեւան արհեստաւորներու հետ սուրճ կը խմէր: Զիս տեսնելուն` ծիծաղով եւ քիչ մը բարձրաձայն հարցուց.

– Հ՛ր, գոնէ դասարանդ անցա՞ր, թէ դպրոցէն ներս ալ նոյն ծեւով կ՛աշխապիս,- որուն ի պապասխան, հարեւան արհեստաւորները դարձեալ խնդացին:

– Այո՛, անցայ, առաջնութեամբ,– պապասխանեցի ես:

– Տղա՛յ, լուրջ խօսի՛ր, դասարանդ անցա՛ր:

– Այո՛ վարպետ, առաջին ելայ,– լրջօրէն պատասխա-
նեցի:

Ասոր վրայ վարպետ Արշակը միանգամայն փափկեցաւ,
եւ խօսքը ուղղելով միւս վարպետներուն.

– Չէ՛, երեխի դանակի կոթ մը պիտի ելլէ՛ այս տղային:

Ես շարունակեցի ամառուայ արձակուրդներուն արհես-
տանոցներէ ներս աշխատիլ մինչեւ պատանվեց պարեկան, որմէ
ետք մենք ընտանեօք Լիբանան փոխադրուեցանք, ուր
կեանքս զիս դէպի այլ ճամբայ տարաւ: Սակայն ասոր մասին՝
այլ առիթով:

ՀՈՐԱՔՈՅՐՍ

Հայրս ունէր երկու եղբայր եւ մէկ քոյր: Երկու եղբայրները ծներ էին մեծ մօրս առաջին ամուսինէն, հետեւաբար պարիքով աւելի մեծ էին հորմէս: Առաջին ամուսինը կարճատեւ հիւանդութեան հետեւանքով մահանալէ ետք, մեծ մայրս ամուսնացեր է երկրորդ անգամ եւ այդ ամուսնութենէն ծներ էին նախ հայրս եւ ապա չորս պարիներ անց՝ հորաքրոյրս՝ Խանըմը: Այդ ժամանակներուն սովորական էր աղջիկ զաւակներուն ոչ-հայկական անուններ տալը, զանոնք պաշտպանելու համար թուրքերու հնարաւոր հալածանքներէն:

Հորաքրոյրս ծներ էր Մեծ Եղեռնէն վեց պարի առաջ: Ինչպէս կը պատմէր հայրս, մեծ հայրս՝ Մքուշ Յակոբը, մեծ հոգատարութիւն ցուցաբերեր է իր չորս զաւակներուն նկատմամբ, առանց որեւէ խտրականութիւն դնելու անոնց միջեւ, սակայն ան ալ իր կարգին մահացեր է, երբ հայրս տակաւին ութ պարեկան էր: Մեծ հայրս փեղլոյն գիւղապետն էր եւ իր առօրեայ պաշտօնը կատարելէ զատ, ձեունիներ կ՚աճեցներ իր արտին վրայ: Օր մը արտին մէջ սովորական աշխատանքի ժամանակ, թունաւոր օձ մը անոր մատը կը խայթէ: Նախ կը մպածէ կացինով ինքն իր մատը կտրել, կանխելու համար թոյնի տարածումը մարմնին մէջ: Քաջութիւնը չունենալով ինքնիրեն ցաւ պատճառելու, կը կանչէ իր թուրք գործաւորը, թէ՝

– Մէհմէտ, այդ կացինով շուտով մատս կտրէ՛:

– Ո՛հ, ես իմ սիրելի փիրոջս մատը չեմ կտրեր,– կը պատասխանէ Մէհմէտը:

Քիչ անց, երբ թոյնը կը սկսի տարածուիլ եւ մեծ հօրս

նոյն ձեռքի հինգ մատները կը թմրին, ան դարձեալ Մէհմէտին դառնալով.

— Ծո՛ Մէհմէտ, թոյնը կը պարածուի: Այդ կացինով իմ ձեռքս կտրէ, քանի ուշ չէ:

— Ո՛հ, երբե՛ք ես իմ սիրելի փիրոջս ձեռքը չեմ կտրեր:

Ու այսպէս շարունակ, երբ ալ ուշ էր, մեծ հայրս կը կորսնցնէ իր կեանքը:

Հայրս այն կարծիքին էր, որ Մէհմէտը դիտաւորեալ մերժած էր մեծ հօրս խնդրանքը...

Այնուհետեւ հայրս անցաւ իր մեծ եղբօր՝ Խաչատուրի հովանաւորութեան ներքոյ: Ցեպագային Խաչատուրն էր որ նշենիները մշակեց, բերքը ծախեց, ընտանիքի անդամներուն բարօրութիւնը ապահովեց եւ երբ արտագաղթը սկսաւ, անցաւ ֆետայական գործունէութեան, ընտանիքի անդամները անվնաս հասցնելով Հալէպ: Ապա վերադարձաւ իր ծննդավայրը, որպէսզի այլ հարիւրաւոր անզէն ու անզոր հայեր անվնաս հասցնէ Հալէպ: Հօրեղբայրս այս ամէնը որեր է, ծպտուած՝ որպէս թուրք հեծեալ զինուոր, իբրեւ թէ կը շռջեր հայեր հալածելու համար: Երկրորդ հօրեղբայրս հիւանդութեան մը պատճառաւ կիսով անդամալոյծ դարձաւ, հետեւաբար Խաչատուր հօրեղբայրս աներ ապրուստի բեռն ալ իր ուսին շալկեց:

Աւա՜ղ, հօրեղբայրս չկարողացաւ փրկել իր միակ քոյրը՝ Խանըմը, որ կոտորածի փեսարաններէն շփոթի մատնուած՝ այս ու այն կողմ կը շռջէր: Թուրք սպայ մը փեսնելով լեղապատառ աղջիկը, զայն կը գրկէ ու իր փունը կը պանի: Շաբաթներ վերջ, երբ հօրեղբայրս դարձեալ ծպտեալ որպէս թուրք զինուոր, կը վերադառնայ իր ծննդավայրը այն յոյսով, որ իր քոյրը կը գտնէ, կամուրջի մը վրայէն անցնելու ժամանակ կը փեսնէ իր քոյրը, որ մօպակայքը կը խաղար իր թուրք հասակակիցներուն հետ: Իսկոյն իր ծին դեպի այն վայրը կ'ուղղէ եւ որպէսզի անցորդներուն ուշադրութիւնը չգրաւէ, ցած ձայնով կը կանչէ.

— Խանըմ, մօպա եկուր, եղբայրդ եմ: Ելի'ր ձիուս վրայ եւ քեզ Միքայէլին մօտ տանիմ:

— Չեմ գար, Միքայէլը սպաննեցին, զիս ալ կը սպաննեն:

— Աղջիկ ն'չ, Միքայէլը կ'ապրի, Հալեպ է:

Սակայն երբ հօրեղբայրս աւելի կը մօտենայ իր փոքրիկ քրոջ, վերջինս աղաղակելով կը փախչի ու կը մտնէ մօտակայ պուն մը: Հօրեղբայրս գիտեր այդ պան փերը: Այդ պունը թուրք սպայի մրն էր, որ այժմ «որդեգրեր» էր հօրաքրոյս: Վախնալով որ իր ինքնութիւնը ի յայտ կու գայ, հօրեղբայրս սպիպուած արագօրէն կը հեռանայ նոյն վայրէն: Այդ հօ-րեղբօրս վերջին այցն էր Թուրքիա:

Երբ հայրս զանազան առիթներով կը յիշէր իր քոյրը, աչքերէն քանի մը կաթիլ արցունք կը հոսէր եւ ձեռքերը վեր փարածելով, կարծես երկինքէն պատասխան մը կ'ակնկալէր ու հարց կու տար.

— Ա'խ, քոյրս, Խանըմը', ինչո'ւ — ապա ձեռքերը վար կ'առնէր ու աչքերը փակալին փակ, լուռ կ'արդասուէր:

Օր մը, երբ հայրս դարձեալ իր քրոջ մասին կը խօսէր հիւրերու ներկայութեան, Յարութիւն քեռին, որ այդ օր հիւ-րերէն մին էր, հարց փուաւ թէ արդեօք հայրս թուրք սպային անունը գիտէ': Հայրս անոր յայտնեց սպային անունն ու հասցէն, ինչպես իմացեր էր իր եղբօրմէ:

— Լաւ, յաջորդ անգամ որ Թուրքիա մեկնիմ, Խանըմը կը փնտռեմ:

— Մորդ կաթը քեզի հալալ, այդ ի'նչ լաւ բան ըսիր,

Յարութիւն,– պատասխանեց հայրս:

Յարութիւն քեռին, մօտաւորապէս երեսուն տարեկան մարդ մըն էր, արհեստով թէեւ երկաթագործ, սակայն տարին երկու անգամ Իթանպուլ կ'այցելէր որպէս վաճառական: Մեծ մարդապար կառքով մը կը ճամբորդէր դէպի Իթանպուլ, ուր քանի մը օր կը գիշերէր փեղլոյն պանդոկներէն մէկուն մէջ: Առաւօտուն կը շրջէր քաղաքի ներքնազգեստ արտադրող գործարանները, որոնց վերերուն հետ սերտ կապեր հաստատեր էր՝ թրքերէն լեզուն լաւ իմանալուն շնորհիւ: Ապա իր գնած ապրանքեղէնն իր ճամբորդական պայուսակին մէջ զետեղելով, որպէս իր անձնական հագուստը, կը վերադառնար Հալէպ, ուր զանոնք աւելի բարձր գինով կը վաճառեր: Իր տարեկան այցերը կը կազմակերպէր մէյ մը ձմռան սկիզբը, մէյ մըն ալ՝ ձմռան վերջը: Ճամբորդութեան այս ժամանակի ընտրութեան գաղտնիքը ես իմացայ իր իսկ բերնէն: Ձմռան երկար գիշեր մը, քանի մը ընտանիքներու անդամներ հաւաքուեր էինք Ղազարեաններուն փունը: Յարութիւն քեռին նոր վերադարձեր էր Թուրքիայէն: Սկսաւ պատմել իր արկածախնդրութիւններուն մասին: Մենք՝ երեխաներս, մեծ հետաքրքրութեամբ կը լսէինք զինք, կարծես մտքով անոր կ'ուղեկցէինք դէպի այդ կախարդական քաղաքը:

– Իթանպուլը մե՛ծ, մեծ քաղաք է: Ճամբաններր կը քալես ու կը քալես, չեն վերջանար: Երբեմն հոն ապրող հայերու կը հանդիպիմ... Այսպէս, շարունակ:

Յարութիւն քեռիին խօսքը կ'ընդհատուէր միայն երբ փանփիկինը աղանդերներու դափարկուած ամանները դարձեալ լեցներ: Այդ օրը Յարութիւն քեռին այսպէս շարունակեց իր խօսքը.–

– Մաքսապան հետ խնդիր ունեի: Երբ Իթանպուլ

առաջին այցելութենէս ետք կը վերադառնայի, ներքնաշա-
պիկներուն վրայ շատ բարձր մաքս վճարեցի:

— Ծօ՛, այդպիսով աւելի վնաս կ'ունենաս, քան թէ շահ,
ուրեմն ինչո՞ւ կը շարունակես այս գործը,– քմծիծաղով մի-
ջամտեց Անթօ պապիկը, որ ներկաներուն մէջ ամէնէն փա-
ռեցն էր:

— Ինծի խե՞նթ կարծեցիր, Անթօ պապիկ: Ես երբ
փասնիհինգ ներքնաշապիկ բերեմ, փասն իմ վրաս կը հագուիմ:
Ամառուայ փաք օրերուն կարելի չէ այնքան ներքնաշապիկ
հագուիլը, հիմա հասկցա՞ր ինչու ձմեռ ապրեն կը ճամբորդեմ,
հի հի հի՛,– յաղթականօրէն բացագանչեց Յարութիւն քեռին:
Անոր Կոսպանդնուպոլիս վերջին այցէն քանի մը օր առաջ, մի
ումն մեր դուռը թակեց: Դուռը հայրս բացաւ: Յարութիւն
քեռին էր:

— Միքայէլ աղբար, եկայ ըսելու որ Երկուշաբթի առա-
ւօտ փիտի մեկնիմ: Երեք օր փիտի մնամ Իսթանպուլ, շատ
բան ունիմ գնելու: Վերադարձին նաեւ փիտի այցելեմ Ուրֆա,
ուր հինգ օր գործ ունիմ առեւտուրիս վերաբերեալ: Վե-
րադարձիս կը հանդիպինք:

— Աստուած հեղդ, Յարութիւն, բարով երթաս, բարով
վերադառնաս,– պատասխանեց հայրս:

Չորս օր ետք իմացանք, որ Յարութիւն քեռին արդէն
վերադարձեր է:

— Բարի ըլլայ, ինչո՞ւ այսքան շուտ: Ինծի ըսաւ, որ երեք
օր Իսթանպուլ եւ հինգ օր ալ Ուրֆա փիտի մնար,– հայրս
զարմացած հարց փուաւ:

Երկու օր ետք Յարութիւն քեռին մեր փուն այցելեց:

— Բարի եկար, Յարութիւն, ի՞նչ պատահեցաւ,– հայրս
հարցուց, երբ հիւրը հազիւ նսփեցաւ բազմոցին վրայ:

– Հագիւ կարողացայ օձիքս ազատել, Միքայէլ աղբար:

– Աստուած իմ, ի՞նչ կ՚ըսես: Պապմէ՚ պիտի ունենեմ,– աչքերը լայն բանալով բացագանչեց հայրս:

Յարութիւն քեռին երկար շունչ մը քաշելէ ետք, պապմեց թէ՚ ինչպէս հորս ծննդավայրը հասնելուն առաջին օրն իսկ գտաւ այն փունը, ուր թուրք սպան կ՚ապրէր: Այս առաքելութեան մէջ անոր օգնութեան հասաւ թուրք վաճառականներէն մին, որ անուղղակի ծանօթութիւն ունէր հորաքրոջս ընդանիքին հետ: Այդ Վաճառականին միջոցաւ Յարութիւն քեռին իմացաւ, որ հորաքրոյրս հասուն աղջիկ դառնալէ ետք, այն սպան գայն կնութեան փուէր է իր անդրանիկ որդւոյն: Այդ պան մէջ այժմ կ՚ապրէր հորաքրոյրս իր ամուսնոյն եւ զաւակներուն հետ:

Նոյն թաղին մէջ կը գտնուէր սրճարան մը, ուրկէ պեսանելի էր հորաքրոջս փունը: Յարութիւն քեռին այդ սրճարանէն ներս սուրճ մը կը խմէ, միեւնոյն ժամանակ դիտելով փողոցի եռուզերը: Շատ չանցած, փիկին մը դուրս կու գայ այդ փունէն եւ կը քալէ սրճարանին ուղղութեամբ:

– Այդ փիկինը քեզի շատ կը նմանի, Միքայէլ աղբար: Կասկած չկար որ ան քոյրդ էր,– պապմեց Յարութիւն քեռին:

Տեսնելով որ հորաքրոյրս թաղի անկիւնը գտնուող մեծ նպարավաճառի խանութը մտաւ գնումի համար, Յարութիւն քեռին ալ խանութէն ներս կը մտնէ ձեւացնելով, որ իր կարգին ինչ որ ապրանք մը պիտի գնէ: Յարութիւն քեռին յարմար առիթ մը գտնելով, կը մօտենայ հորաքրոջս եւ հագիւ լսելի ձայնով անոր կը յայտնէ իր ինքնութիւնը, աւելցնելով որ Հալէպի մէջ իմ հորս դրացին է: Ապա հարց կու պայ թէ արդեօք կը փափաքի՚ այդ երկրէն փախչիլ եւ վերամիանալ եղբօր հետ:

Ձնցուած այս անակնկալէն, հորաքրոյս նախ պահ մը սառած կը մնայ, ապա լայն ժպիտ մը կ՚երեւայ, որուն կը յաջորդէ քանի մը կաթիլ արցունք։ Երկար շունչ մը քաշելէ ետք, այսպէս կը պատասխանէ.

— Տղաս, երեք չափահաս զաւակներ ունիմ, որոնցմէ մին շուքով պիտի ամունանայ։ Ես ինչպէ՞ս հեռանամ անոնցմէ։ Միքայէլին ըսէ թէ՝ ես ուրախ եմ որ ողջ է եւ իրեն երկար կեանք կը մաղթեմ։ Սակայն դուն շուքով պէտք է հեռանաս այս թաղէն, չըլլայ որ մեռնեք իմանան քու ներկայութիւնդ։

Եւ իսկապէս, յաճախորդներէն ոմանք, որոնք երեւի Խանըմի հարեւաններն էին, ուշի ուշով մէյ մը Յարութիւն քեռիին, մէյ մըն ալ հորաքրոջս կողմը կը նային։

Յարութիւն քեռին սպիտուած հրաժեշտ կուտայ, խանութէն դուրս կուգայ եւ արագ քայլերով կը հեռանայ։ Երբ փողոցին անկիւնը կը հասնի, ետ կը նայի տեսնելու համար թէ ի՞նչ էր վիճակը։ Կը նշմարէ, որ երիտասարդ փղայ մը արագ քայլերով դէպի իր կողմը կը մօտենայ։

Յարութիւն քեռին յարակից թաղ մը կը մտնէ ու կը նետուի մարդապար մեքենայ մը, որ մօտակայ կայանը կը սպասէր յաճախորդներ ընդունելու։ Հազիւ պանդոկ կը հասնի, ճամբորդական պայուսակը կը պատրաստէ, հաշիւը կը փակէ ու թաքսի մը վարձելով կը հասնի կայարան, ուրկէ ալ Հալեպ կը վերադառնայ մարդապար մեքենայով։

Հայրս, որ մինչ այդ մեծ ուշադրութեամբ կը լսէր, երբ Յարութիւն քեռին վերջացուց իր խօսքը, պահ մը մռնալով իր քոյրը, ձեռքերը երկինք ուղելով բացագանչեց.

— Փա՜ոք Աստուծոյ, որ ողջ առողջ վերադարձար։

Ով գիտէ ի՞նչ պիտի պատահէր Յարութիւն քեռիին,

եթէ հօրաքրոջս ընտանիքը հասպատեր թէ ի՞նչ նպատակով եկեր էր Ցարութիւն քեռին: Հայրս անոր գումար առաջարկեց, որպէս վնասի հատուցում, որովհետեւ Ցարութիւն քեռին իր գործը կիսատ թողնելով վերադարձեր էր Հալէպ:

– Ի՞նչ կ՛ըսես, Միքայէլ Աղբար: Այս առաքելութիւնը ազգիս համար չըրի՞:

Հայրս շնորհակալութիւն յայտնեց: Ես մեծ համակրութիւն ունէի Ցարութիւն քեռիին հանդէպ: Հօրս հետ անգամ մը այցելեր էի անոր արհեստանոցը, երբ շատ փոքր երեխայ էի: Ես հիացմունքով կը դիտէի, թէ ինչպէ՞ս ան շիկացած երկաթին նոր ձեւ կու տար իր մուրճի հարուածներուն տակ: Նաեւ մեծ հետաքրքրութեամբ կը լսէի զինք, երբ կը պատմէր իր ճամբորդութիւններուն մասին, զորս կը կապարէր առեւտուրի նպատակով:

Երբ իր պատմութիւնը աւարտեց հօրաքրոջս հետ հանդիպման մասին, ինծի կը թուար թէ Ցարութիւն քեռին դերասանութեան ասպարէզին մէջ ալ ձիրքեր ունէր:

Կ՛երեւակայէի զինք, որպէս դերասաններէն մին, գաղտնի ոստիկանական շարժապատկերներուն մէջ, որոնք կը ցուցադրուէին քաղաքի շարժապատկերի սրահներուն մէջ:

Ցարութիւն քեռիին մեր փունէն հեռանալէն ետք, հայրս առատ արցունք թափեց: Ցետոյ ինքզինք միխիթարելով՝ երկա՛ր շունչ մը քաշեց «գոնէ քոյրս ողջ է», ըսելով:

Իւրաքանչիւր հայ գիտէ, թէ որքա՛ն հայ երեխաներ՝ տղայ կամ աղջիկ, նման ճակատագիրի ենթարկուած են...

Այսուհանդերձ կային երեխաներ, որոնք թէեւ նման ճակատագիր ունեցած էին, սակայն կամքի ոյժով իրենց ճակատագիրը փոխեցին:

Ժամանակ առ ժամանակ մենք մեր թաղեցիներէն կամ

մօտիկ բարեկամներէն կ՚իմանայինք, թէ այսինչ թաղին մէջ ապրող ընտանիք մը վերազդեր է իր կորսուած մէկ անդամը։ Այս «վերազդնուողները», փոքրամարդ կամ կին, այն երեխաներն էին, որոնք փարագրութեան ժամանակ գրեթէ կիսամահ ըլլալով, իրենց ծնողքը սպիպուեր էին զանոնք յանձնել այդ շրջանի բնակիչ արաբներու, որոնք ընդունէր էին զանոնք որպէս իրենց փան անդամներ։

Այս երեխաներուն մեծամասնութիւնը մնացին զիրենք որդեգրողներուն մօտ, որպէս նոյն ընտանիքներու իսկական անդամները։

Այս խումբին պապկանող սակաւաթիւ անդամներ սակայն, զանազան պապճառներով որոնեցին իրենց իսկական ընտանիքները։ Ոմանք գփան ընտանիքի անդամներէն մին կամ միւսը եւ վերամիացան անոնց, ոմանք ալ որեւէ հեփք չգփնելով՝ ընդրեցին ապրիլ հայկական թաղերուն մէջ, իրենք զիրենք աւելի հարազաւ զգալով իրենց արիւնակիցներուն մօտ։

Լեզուն՝ սահուն հաղորդակցութեան համար արգելք կը հանդիսանար, որովհեպեւ այս մարդիկ փոքր պարիքէն արաբ միջավայրի մէջ ապրելով, սորվեր էին միայն արաբերէն, իսկ Հալէպ հասպապրուող հայերու առաջին սերունդը կը խօսէր միայն հայերէն կամ թրքերէն եւ միայն երկրորդ սերունդի անդամները մասամբ սկսան խօսիլ արաբերէն, զայն սորվելով հարեւան արաբներէն, անոնց հեպ բարի դրացնութիւն հասպապելով ու նաեւ նորահիմն հայկական դպրոցներէն ներս, ուր արաբերէնը պաշպօնական լեզու էր։ Բայց եւ այնպէս, վերադարձողները սիրալիր ընդունելութիւն գփան իրենց քոյրերուն եւ եղբայրներուն կողմէ։

ՄՈՐԱՔՈՅՐՆԵՐՍ
ԵՒ ՄՈՐԵՂԲԱՅՐՍ

Ես ունեցեր եմ վեց մորաքոյր եւ մէկ մորեղբայր։ Ամէնքն ալ, ներառեալ մայրս՝ ծներ էին Մարաշ։ Մեծ հայրս փեղուրյն Հայ Աւետարանական եկեղեցիէն ներս ծառայեր է որպէս գերապատուելի։ Իր գրպանին մէջ փեււական պահեր է ութ ոսկեդրամներ, որոնցմէ իւրաքանչիւրը կը ներկայացներ իր ութ զաւակներէն մին։ Երբ թուրք զինուորները ջարդի ժամանակ իր փունը կը մտնեն իրենց սովորական գործը կատարելու, մեծ հայրս իր գրպանէն կը հանէ ութ ոսկիները եւ թուրքերուն դառնալով,

– Առէ՛ք այս ութ ոսկիները եւ մեզ ազատ թողեցէք,– եւ ձեռքին մէջի ոսկինները աննոց կ՚երկարէ։

Ի հարկէ թուրք զինուորները թէ՛ կը յափշտակեն ոսկիները եւ թէ՛ կը զլխապեն մեծ հորս։ Այս պատկերին չդիմանալով, մեծ մայրս աղաղակելով գետին կը նետուի ու կը սկսի փռապլփկիլ։ Մորաքոյրներէս մին, որ այդ ժամանակ հինգ կամ վեց տարեկան էր, կարծելով որ մեծ մայրս կը պարէ, կը սկսի ծափ փալ։

Կանիխելու համար առաւել կորուստներ, մեծ մայրս շուրով իր աղջիկներուն երեսները աձուխի փոշի կը քսէ, որպէսզի զանոնք պաշտպանէ անցանկալի աչքերէն։ Փոքր երեխաները կը գետեղէ երկու աւանակներու պարկերուն մէջ ու ճամբայ կը բռնէ դեպի Լիբանան, միշտ յառաջանալով ծովեզերքի ճամբով։ Իսկ մորեղբայրս, որ իր ծնողքին անդրանիկ զաւակն էր, իր քոյրերէն մէկուն հագուստները հագուելով կը ծպտուի որպէս աղջիկ, ազատուելու համար թուրքերու ճիրաններէն:

Շաբաթներ անց, յոգնած, անօթի եւ ծարաւ, մեծ մայրս կը հասնի Լիբանանի Շեմլան գիւղը, ուր աւստրիացի բարերարներ որբանոց հիմներ էին հայ որբերու համար:

Մայրս եւ մօրաքոյրներս կ'ապաստանին նոյն որբանոցին մէջ, իսկ մեծ մայրս մօրեղբօրս հետ կը փեղատրոֆ Հալէպի հիւղաւաններէն մէկուն մէջ:

Ժամանակի ընթացքին մեծ մայրս ու մօրեղբայրս կը փոխադրուին անձնական տուն եւ անոնց կը միանան մայրս ու մօրաքոյրներս: Ահա այս տունէն է որ մայրս որպէս նորահարս կը հեռանայ, երբ կ'ամուսնանայ հորս հետ: Նմանապէս, իրենց գոյգերը կը գտնեն եւ Հալէպի մէջ ընտանեկան բոյներ կը կերտեն մօրաքոյրներէս երեքը: 1946-ին կազմակերպուած ներգաղթին, երեք մօրաքոյրներս ընտանեօք կը հեռանան Հալէպէն եւ կը հասպատուին Հայաստան: Ծնողքս չեն միացած անոնց, նախընտրելով մնալ Սուրիա, ուր հայրս երիտասարդ հասակին զնէր էր իր անձնական ինքնաշարժը եւ բաւական բարեկեցիկ կեանք մը կը վայելէր:

Իսկ հայրս յաճախ մեզի կը պատմէր, որ ինք առաջին անձն էր, որ իր անձնական ինքնաշարժը զնէր եւ արձանագրէր էր իր անունին, Հալէպի համապատասխան իշխանութիւններուն մօտ: Ես բախտն ունեցայ ապագային հանդիպելու մօրաքոյրներէս միայն մէկուն՝ Ազնիւին, երբ երկար ջանքերէ ետք ան կարողացաւ պէտք եղած արտօնութիւնն սպանալ Սովետական Հայաստանի իշխանութիւններէն: Սակայն մինչ արտօնութիւն սպանալը, մայրս արդէն այս աշխարհէն հեռացեր էր...

Մօրեղբայրս՝ Սամուէլը հայ միջնորդներու օգնութեամբ անցաւ Միացեալ Նահանգներ: Հալէպի մէջ աշխատեր էր ուր եւ ինչ գործ որ գպեր էր, ներառեալ որպէս օգնական փեղույն հնակարկատի մը մօր:

Օգտուելով այս բնագաւառին մէջ իր ձեռք բերած փորձառութենէն, մօրեղբայրս փոքրիկ կրպակ մը բացաւ ԱՄՆի մէջ, ուր յաճախորդներ ընդունեց, անոնց մաշած կօշիկները կարկտելու համար: Գործը շուտով աճեցաւ եւ մօրեղբայրս աւելի մեծ խանութ մը բացաւ ու գործը աւելի եւս աճեցաւ:

Գիշեր մը, մօրեղբայրս երազին մէջ կը փեսնէ անձնաւորութիւն մը, որ անոր ցոյց կուպայ բոլորովին նոր կօշիկներ կարելու գաղտնիքները, զորս ան երբեք չեր գիտցած: Ան սորվեր էր միայն հնամաշ կօշիկները նորոգել: Նոյն երազը կը կրկնուի քանի մը անգամ: Սկիզբը մօրեղբայրս կ'անտեսէ զանոնք, որպէս սովորական երազներ, որոնք առհասարակ արդիւնքն են ցերեկ ժամանակ երեւակայութեան մէջ զարգացած միտքերուն:

Սակայն նոյն երազը երկար ժամանակ կրկնուելէ ետք, մօրեղբայրս շուկայէն կը ճարէ պէտք եղած իրերը, օրինակ՝ կօշիկի կաղապարներ, կաշի, կօշիկի ներբաններ, եւայլն, եւ կը ձեռնարկէ նոր կօշիկ կարելու: Շուտով յաճախորդ մը կը ներկայանայ եւ կը գնէ նոր կարուած զոյգ մը կօշիկները: Անոր կը յաջորդեն այլ նմանափիպ ինչպէս նաեւ այլ ձելի կօշիկներ, որոնց պատրաստութեան գաղտնիքը մօրեղբայրս կ'իմանայ դարձեալ երազներու միջոցով: Այսօր միջոցը չունիմ ճշդելու թէ մօրեղբայրս իսկապէ՞ս այս գաղտնիքները կը սպանար հոգեւոր էակներէ, իր երազներուն միջոցաւ, թէ պարզապէս իր երեւակայութիւնն էր որ կ'օգնէր իրեն իր գործին մէջ, թէեւ կը հաւատամ որ զարգացած էակներ մեզի կը ներկայանան երազներու միջոցով եւ մեզի ուղդութիւն կուպան մեր կեանքի պարբեր փուլերուն: Սակայն միեւնոյնն է, մօրեղբայրս շարունակեց յաջողիլ իր գործին մէջ եւ ընդարձակեց իր գործը, վարձելով յարակից խանութը, որ ան գործածեց իր կարած կօշիկները ծախելու համար:

Մայրս այս բոլորին մասին կ՚իմանար այն նամակներէն, զորս կը սպանար իր եղբօրմէն: Մօրեղբայրս երբեմն ամերիկեան թղթադրամներ ալ կ՚ուղարկէր մորս, այնպէս ինչպէս նաեւ կ՚ուղարկէր երեք մօրաքոյրերուս, որոնք կ՚ապրէին Հալէպի մէջ:

Օր մը մայրս խօսքը ուղղելով հորս՝ մտահոգուած կ՚ըսէ.

– Միքայէլ, Սամուէլէն երկար ժամանակ է լուր չկայ: Չըլլայ որ վատ բան մը պատահած է:

– Ի՞նչ գիտնամ Հելէն, երելի շատ զբաղած է: Ուշ կամ կանուխ նամակ մը պիտի սպանանք եղբորմէդ:

Այս գրոյցէն շատ չանցած, նամակ մը սպացանք Միացեալ Նահանգներէն, բայց այս անգամ ոչ թէ մօրեղբորմէս՝ այլ մօրաքոյրերէս մէկէն, որ հասպապուած էր իր եղբօրմէ ոչ շատ հեռու շրջանի մը մէջ:

Մօրաքոյրս կը գուժեր մահը Սամուէլ մօրեղբօրս...

Թէ ինչպէ՞ս մահացեր էր մօրեղբայրս:

Կօշկակարի գործը բաւական բարգաւաճելէն ետք, օր մը երիտասարդ կին մը կը ներկայանայ մօրեղբօրս խանութը, զոյգ մը կօշիկներ գնելու: Այդ միջոցին երկուքը գրոյցի կը բռնուին յաճախորդուհիի նախաձեռնութեամբ:

Վերջինս յաջորդ օրերուն դարձեալ կ՚այցելէ խանութ, այս անգամ պարզապէս գրոյցը շարունակելու համար ու միեւնոյն ժամանակ իր համակրանքը ցոյց կուպայ մօրեղբօրս հանդէպ եւ այսպէս շարունակ, յաջորդող քանի մը շաբաթները: Վերջապէս, օրերէն մէկը այս կինը մօրեղբօրս կը յայտնէ թէ սաստիկ սէր ունի իրեն հանդէպ, աւելցնելով որ պատրաստ է ամուսնանալու անոր հետ, եթէ ան կը կամենայ: Մօրեղբայրս, բարի եւ միամիտ, հաւատալով այս խորին «սիրոյ», զոր այդ կինը կը ցուցաբերէր իրեն հանդէպ, իր հաւանութիւնը կը յայտնէ առաջարկին: Շուտով կ'ամուսնանան:

Այս ամուսնութենէն երկու շաբաթ անց, մօրեղբօրս խանութը կը մտնէ երիտասարդ մարդ մը, գրպանէն ատրճանակ մը կը հանէ ու մօրեղբօրս ճակատին մէկ կապար արձակելով, փեղւոյն վրայ կը սպաննէ զայն:

Պէտք չկայ յիշեցնելու, որ մօրեղբօրս «սիրահարը» ձառանգեց իր «ամուսնոյն» ամբողջ սպացուածքը...

Իսկ այժմ մնացեալ երեք մօրաքոյրներուս մասին:

Արաբական երկիրներ հասած հայ երիտասարդ փրդաներէն շատեր, կեանքի աւելի լաւ պայմաններ որոնելով, իրենց ճամբան շարունակեցին եւ հասան եւրոպական զանազան երկիրներ, ինչպէս նաեւ հիւսիսային եւ հարաւային Ամերիկաներ:

Հայապահպանումը, որպէս իրենց կեանքի նպատակ ընտրող կարգ մը հայեր իրարու միանալով, աշխատեցան զիրար միացնել աշխարհի չորս ծագերուն գտնուող հայ փրդաք ու աղջիկներ, որպէսզի անոնք մէկական հայու փուն կերտեն:

Տունմնայ երեք մօրաքոյրներս ալ այս ձեւով կերտեցին իրենց ընտանիքները: Անհրաժեշտ ձեւականութիւններն աւարտելէ ետք, երկու մօրաքոյրներս նաւով մեկնեցան Արժանթինի Պուէնոս Այրէս քաղաքը, իսկ երրորդը՝ Միացեալ Նահանգներու Ֆրէզնօ քաղաքը: Երեքն ալ նախքան հասնիլը նախորոշուած նաւահանգիստը, երբեք չէին հանդիպած իրենց ապագայ ամուսիններուն: Իրենց զրպաններուն մէջ կը կրէին լուսապատկերները այն փղամարդող, որոնց հետ պիտի ապրէին մէկ կտուրի վրակ: Մօրաքոյրներս իրաքանչիւրը երբ նաւէն կ՚իջնէ, ձեռքին իր ամուսնոյն պապկերը, մէյ մը պապկերին կը նայի, մէյ մրն ալ քարափին վրայ գտնուող փղամարդող, ճշդելու համար թէ անոնցմէ որն է իր ամուսինը: Այս գործողութիւնը կը վեէ մինչեւ որ դիմացի կողմէն կը յայտնուի փղամարդ մը, ձեռքին լուսապատկեր մը, որով իր կարգին կը փնտռէր իր ապագայ կնոջը...

Դուրս եկաւ որ երեք մօրաքոյրներուս ամուսիններն ալ պարկեշտ մարդիկ էին, որոնք իրենց աշխատասիրութեամբ բաւական բարեկեցիկ վիճակ ստեղծեցին իրենց ընտանիքին համար: Մայրս փեւական կը նամակցէր իր քոյրերուն հետ: Երբեմն նամակին հետ միասին կը սպանայինք քանի մը թղթադրամներ, որպէս կաղանդի կամ Զատկուայ նուէր: Նամակները շարունակուեցան գալ մինչեւ այն ապեն, երբ Ամերիկա հաստատուած մօրաքոյրս, որ ամուսնոյն հետ բնակութիւն հաստատեր էր մօրեղբօրս փունէն ոչ շատ հեռու, եւ Պուէնոս Այրէս հաստատուած մօրաքոյրներէս մին մահացաւ: Անոնց մահը գուժեց իրաքանչիրին ամուսինը, քանի մը փողնող նամակով ու ալ որեւէ նամակ չ՚սպացանք նոյն հասցէէն: Մայրս իրաքանչիրին մահուան համար արցունք թափեց եւ քանի մը շաբաթ սեւ հագուեցաւ:

Պուէնոս Այրէս ապրող երկրորդ մօրաքրոջս հետ նամակագրութիւնը դադրեցաւ այլ կերպով: Այս այն մօրաքոյրս էր, որ աւելի շատ յաճախականութեամբ նուէր կ՚ուղարկեր մեզի: Օր մը մայրս կը կարդար նամակը, զոր նոյն օրը ստացեր էինք մօրաքոյրէս: Սովորաբար մայրս մեր բոլորին լսելի ձայնով կը կարդար իր քոյրերէն ստացած նամակները, ընթրիքէն եպք, երբ ընտանիքի բոլոր անդամները ներկայ էին։ Այդ օրուան նամակը աւելի կարճ էր, քան՝ սովորական նամակները, որոնք մօրաքոյրս կ'ուղարկեր։ Նամակին վերջին փողը այսպէս էր.

— Սիրելի քոյրս Հելէն, այս վերջին նամակն է որ կը սպաննաս ինծմէ։ Տնտեսական վիճակս ա՛լ նոյնը չէ, ինչ որ էր ժամանակին եւ ուստի կարողութիւն չունիմ ձեզի նուէրներ ղրկելու։

Մայրս վերջին նախադասութիւնը կարդաց հեկեկալով։

Նամակը կարդալէ եպք մայրս ժամերով դառնօրէն լացաւ՝ կրկնելով.

— Ա՛խ քոյրս, ինչու ուղարկած նուէրներդ'ո̃ համար կը սիրեմ քեզի։

Ինծի կը թուար թէ մայրս այս նամակին փողերէն շատ աւելի ցաւ զգաց, քան՝ այն նամակներէն, որոնք կը գուժէին իր միւս քոյրերուն մահը...

ԲԱՐԵՍԻՐՏ
ԹՈՒՐՔ ՎԱԼԻՆ

Ես կը սիրէի լսել ծերունիներու պատմու-թիւնները: Երբ եղանակը յարմար էր, մա-պաւորապէս փասնեակ ծերունիներէ կազմը-ւած խումբեր, մեր թաղերուն մէջ փեղ-փեղ կը հաւաքուէին, իրարու հետ զրուցելու համար:

Կը նստէին փոքրիկ խսիրէ քառոպանի աթոռակներու վրայ, որոնք կռնակի յենարան չունէին: Աթոռներուն մէկ մասը փեղադրուած կ՚ըլլար մայթին վրայ, փան մը մայր դռան կողքին, իսկ մնացեալ աթոռները կը փեղադրուէին ճամբուն վրայ, մայթի եզրին: Այդ օրերուն շապ քիչ թուով ինք-նաշարժներ կ՚անցնէին այդ թաղերէն, այնպէս որ յարա-բերաբար ապահով էր ճամբուն վրայ նստիլը: Իսկ երբ պա-տահէր որ թաղին անկիւնը ինքնաշարժի մը գալուստը նկատ-ուէր, ճամբուն վրայ նստող ծերունիները շուտով ոտքի կ՚ելլէին եւ աթոռները շալկած՝ պահ մը մայթին վրայ կը բարձ-րանային, մինչեւ որ ինքնաշարժը անցնէր եւ ապա կը վերադառնային իրենց նախկին նստած վայրերը: Ես այս «ծերակուպականներէն» քիչ մը անդին, մայթին վրայ նստած՝ մեծ հետաքրքրութեամբ կը լսէի աննց պատմութիւնները: Ինծի համար այս պատմութիւնները այնքան սիրելի էին որքան այն գիրքերը, որ մեծ յափշտակութեամբ կը կարդայի:

Աննք կը զրուցէին զանազան նիւթերու մասին: Քա-ղաքականութիւնը ընդհանրապէս առաջին նիւթը կ՚ըլլար: Ծերունիներէն մին կը սկսէր, թէ այսօր ռապիոյէն լսեցի, որ Ամերիկան վաթսուն միլիոն տոլար տրամադրեր է Թուրքիային, որպէս օգնութիւն։ Ամերիկան այսքան մեծ գումար ունի՞։

– Ունի որ փրամադրեր է, Թորոս,– կը միջամտեր ուրիշ մը։

– Ես ալ ռատիոյէն լսեցի, որ Ամերիկան որոշեր է մեր հողերը մեզի վերադարձնել։ Հազիւ թէ հողերու վերադարձը սկսի, ես իմ Տիգրանակերտս պիտի վերադառնամ։ Ո՛վ գիտէ, մեր նշենիները պակաին կանա՞չ են, թէ արդէն չորցեր են։ Մէյ մը երթամ եւ փեսնեմ,– կը շարունակեր այլ ծերունի մը։

Ապա գրոյցին նիւթը կը կեդրոնանար քաղաքէն ներս հայկական զաղութին մէջ անցուդարձին վրայ։ Ծերունիներէն մին, թէ՝ «իմացա՞ք, Ապանացի երկայն Սերոբը մահացեր է։ Առաւօտուն երբ ուշացեր է իր սենեակէն դուրս գալու, զաւակներէն մէկը իր սենեակը մտեր է, որպէսզի զինք արթնցնէ, բայց փեսեր է որ մարմինը քարացած վիճակի մէջ է։ Խեղճ մարդուն կինը պակաին երեք ամիս առաջ մահացաւ։ Սերոբը կորուսդի ցաւին չէ դիմացած...»։

– Աստուած հոգին լուսաւորէ։ Ես ալ կը փափաքէի նոյն ձեւով մահանալ, առանց ցաւի։ Գիշերը մտնեմ անկողին եւ առաւօտ չարթննամ։ Իսկ յայտնի եղա՞ւ թէ քանի տարեկան էր Սերոբը,– երկրորդ ծերունի մը հարցուց առաջինին։

– Իմացայ որ եօթանասուն մէկ տարեկան էր։

– Այդ ճիշդ չէ, եօթանասուն չորս տարեկան ըլլալու էր, որովհետեւ ինծի կ'ըսէր, թէ սասփիկ ցուրդի տարին ծներ էր, որ ճիշդ եօթանասուն չորս տարի առաջ պապահեցաւ,– ընդմիջեց այլ ծերունի մը։

– Զիս սպախո՞ւ կը կարծես,– ըմբրոստացաւ առաջինը։

– Ամա՛ն, ի՞նչ է մէկ կամ երկու տարուայ տարբերութիւնը։ Մոմ մը մարեցաւ, այդ է կարեւորը։ Շուտով մեր հերթը պիտի գայ,– չորրորդ ձերունի մը քիչ մը բարձրաձայն բացագանչեց:

Այս անգամ գրոյցը կը կեդրոնանար անցեալի պապահարներուն, զորս ձերունիները կը պատմէին մանրամասնութեամբ: Ես այս պատմութիւններէն ա՛լ աւելի կ՚ախորժէի: Կը պատմէին իրենց զիլղերուն եւ քաղաքներուն ամէնօրեայ կեանքէն: Իւրաքանչիւր պատմութիւն գիս կը տանէր հեռաւո՛ր վայրեր՝ Տիգրանակերտ, Մուշ, Սասուն, Ուրֆա, Մարաշ եւ հայրենիքի այլ վայրեր: Անկարելի է բոլոր պատմութիւնները պատմել այս էջերուն մէջ: Սակայն ես կը պարտիմ պատմել դրուագի մը մասին, որ լսեր եմ քանի մը տասնեակ ձերունիներէ, պարբեր «ձերակուպական» ժողովներէն: Պատմութիւնը հետեւեալն է.-

Հայկական ջարդերու ժամանակ, Հալէպէն ներս գործող վալին, Օսմանեան կայսրութեան ներկայացուցիչը, հրեշպականման մարդ մըն էր: Քաղաքին հին եւ պատմական բերդը կը ծառայէր որպէս իր իշխանական նստավայրը: Տեսնելով մեծ թիւով թշուառ հայեր, որոնք Հալէպ կը հասնէին ոտաբոպիկ, անօթի եւ ծարաւ, անոնցմէ քանի մը հազար կիներ եւ երեխաներ իր հովանիին ներքեւ առնելով, զանոնք կը պապասպարէ բերդէն ներս եւ կը կերակրէ ամէն օր: Երբ վալիի արարքին մասին լուրը կը հասնի Օսմանեան կեդրոնական իշխանութիւններուն, վերջինները նամակ մը կ՚ուղարկեն անոր, հրամայելով որ սպաննէ Հալէպ հասնող բոլոր գաղթականները:

Տեսնելով գաղթականներուն անմեղութիւնը եւ կարծելով որ այդ հրամանը լոկ թիւրիմացութիւն մըն է, բարեխիղճ վալին կը շարունակէ պատսպարել եւ կերակրել այնքան մարդկանց, որքան որ կարող էր: Իմանալով վալիին կեցուածքը, այս անգամ Օսմանեան կեդրոնական իշխանութիւնները նամակ մը կ'ուղարկեն անոր, հրամայելով որ շուտով հեռանայ քաղաքէն, որովհետեւ այլ անձ մը նշանակուեր է Հալէպ քաղաքի վալի։ Զգալով խնդրին լրջութիւնը, բարեսիրտ վալին կոչ կ'ուղղէ բոլոր զաղթականներուն, որ հեռանան Հալէպէն եւ ապաստանին Լիբանան, ուր հայերու հանդէպ վիճակը աւելի մեղմ է։ Ով որ կարողութիւն ունէր, հեռացեր է քաղաքէն եւ ուղղուեր է դէպի Լիբանան։ Մնացեալներէն ոմանք ջարդի ենթարկուեր են, իսկ ոմանք ալ պապապարուեր են փեղոյն բարեսիրտ արաբ շրջանակներէն ներս։ Ես կ'ենթադրեմ, որ այս դրուագը պապմող ծերունիները, վերջին խումբին պատկանող անձեր են։ Ես այսօր կարողութիւնը չունիմ ճշդելու քանակը այն հայերուն, որոնք վերոյիշեալ վալիին յանձնարարութեամբ Հալէպը թողնելով անցեր են Լիբանան, սակայն այդ մարդոց զաւակներն ու թոռները իրենց գոյութիւնը կը պարտին այդ իրեշտականմման թուրք վալիին։

ԳՐԵԼՈՒ ՈՒ ԿԱՐԴԱԼՈՒ
ԿԱՐԵՒՈՐՈՒԹԻՒՆԸ

Հայրս գրել կարդալ չէր գիտեր: Սորվեր էր իր անունն ու մականունը գրել, սակայն երբ իր գրածի վրայ որեւէ փառ մը մատնանշէի, որ կարդայ.

— Չեմ գիտեր, փղաս: Ես միայն անունս եւ մականունս գրել սորվեցայ մեր թաղը ապրող ուսուցչուհիէ մը:

Կեանքի պայմանները հօրս չէին թոյլատրած, որ ան որեւէ կերպով ուսում սպանար: Պարագան նոյնն էր բազմաթիւ այլ հայերու: Իսկ այն երիտասարդ ուսուցչուհին, որմէ երկու բառ գրել սորվեր է, իր պապենական գիւղին մէջ որպէս ուսուցչուհի ծառայեր է նախքան զաղթականութիւնը: Իսկ Հալէպի մէջ փորձեր է գրել կարդալ սորվեցնել թաղեցիներէն անոնց, որոնք կը ցանկային սորվիլ:

Հօրենական մեծ մայրս ալ գրել կարդալ չէր գիտեր: Օր մը, հայրս նախքան ընտանիք կազմելը, երբ արդէն յաջողակ էր իր գործին մէջ, մեծ մայրս կը դիմէ իրեն, թէ`

— Տղաս, ես կը փափաքիմ Սուրբ Գիրքը կարդալ: Ուսուցչուհի մը գտիր, որ ինծի գրել կարդալ սորվեցնէ:

— Մայրիկ, դուն վաթսուն տարեկան կին մըն ես: Քեզի ի՞նչ պէտք է գրելն ու կարդալը:

— Պիտի ապաշխարեմ, հոգեւոր մարդկանց խումբի մը հետ արդէն համաձայներ եմ:

Տեսնելով որ մեծ մայրս իր որոշումին մէջ հաստատ կը մնայ, հայրս սփիացած կը յօժարի: Շուտով կը գտնէ միեւնոյն ուսուցչուհին, որմէ միայն երկու բառ գրել սորվեր էր: Եւ իսկապէս մեծ մայրս մեծ ճիգ ընելով այբուբենը կը սորվի, կը կարողանայ Սուրբ Գիրքը կարդալ եւ հետեւիլ հոգեւոր խումբի աղօթքներուն:

Ամիսներ ետք, որ մը հայրս իր մօր հետ զրուցելու ատեն, աչքերը պապահաբար կը սեւեռէ վերջինի դասպակին եւ կը նշմարէ, որ մեծ մայրս իր ապարանջանները չէր հագած:

— Մայրիկ, ուկէ ապարանջաններդ ո՞ւր են:

— Վա՛յ, փղա՛ս, ուկի ունենալը մեղք է, ես ապաշխարած կին եմ, Աստուծոյ ճամբան ընտրեր եմ:

Ի յայտ եկաւ, որ հոգեւորներու խումբի ղեկավարին թելադրանքով, մեծ մայրս եւ այլ ապաշխարած մարդիկ, իրենց ունեցած բոլոր ոսկեղէնները յանձներ էին նոյն ղեկավարին, յանուն հոգեւորական կեանքի...

ՀԱՇՏԱՐԱՐ

Հայրս թէեւ անուս, ունէր յատուկ կարողութիւն մը
– հաշտարարի ղերակապարութիւն:

Ան երբեք չէր մասնակցեր որեւէ փեսակի վիճաբանութիւններու, ծեծկռտուքի կամ բամբասանքի: Հաշտ
էր բոլոր մարդկանց հետ: Կը պապահէր, որ իր ներկայութեան երկու անձանց կամ խումբերու միջեւ բուռն
վիճաբանութիւն մը փեղի կ'ունենար: Հայրս քանի մը բառ
կ'ուղղէր երկու կողմերուն, ապա իրեն յատուկ քրքիջ մը
կ'արձակէր եւ արդէն երկու կողմերուն զայրոյթը կրակի
մօտեցուած մոմի մը նման կը հալէր:

– Ծոօօօ Կարո, ծոօօօ Գեւո, անցեալ օր միասին կը
խօսէիք եւ կը խնդայիք, մոռցա՞ք, հա հա հա հաաա,– եւ այս
բառերը արտասանած ատեն աչքերէն անպայման քանի մը
կաթիլ արցունք կը հոսէր: Այնքա՛ն անկեղծ էր հայրս: Երկու
կողմերը իսկոյն կը վերադառնային իրենց բնական վիճակին,
յուրախութիւն մնացեալ ներկաներուն:

Կիրքերը մեղմացնելու հօրս կարողութիւնը թոյլ տուաւ,
որ ան հաշտարարի ղեր կատարէր: Յաճախ կը պապահէր, որ
բարեկամներու կամ ազգականներու ի մի գալու ժամանակ
փոքր վիճաբանութիւն մը այնքան կը մեծնար, որ խնդիրը
ձեռքի կամ նոյնիսկ դաշոյնի հարուածներու կը վերածուէր:
Այս կը պապահէր ընդհանրապէս հարսանեկան խրախճանքներու ժամանակ: Երկու անձինք, որոնք արդէն հակակրութիւն ունէին իրարու հանդէպ եւ շատ հաւանաբար
անցեալին այս հակակրութիւնը նոյնիսկ դրսեւորուած էր
կռիւով, նոր վիճաբանութեան ղերակապարները կ'ըլլային:

Իսկ երբ այս վէճը կը հրահրուէր այլ ներկաներով, խնդիրը կարող էր հասնիլ նոյնիսկ դաշոյններու շողշողումին: Ես քանիցս ներկայ եղեր եմ նման վէճերու եւ զարհուրանքով կը յիշեմ արդիւնքը...

Յաճախ կը պատահէր, որ երիտասարդ պղամարդ մը հեւիհեւ վազելով մեր տուն կը հասնէր եւ կը խնդրէր հօրմէս, որ հասնէր օգնութեան: Հայրս հասկնալով խնդիրին լրջութիւնը, երկու հարց կուտար երիտասարդին՝ խնդիրը որո՞նց միջեւ է եւ խնդիրի վայրը: Այս երկու հարցումներուն պատասխանը սպանալէն ետք, խօսքը կ'ուղղէր երիտասարդին.

— Դուն գնա՛, ես շուտով կուգամ: Բոլորը զիս թող սպասեն, անկախ քայլ չառնեն:

Տղամարդը կը հեռանար: Հայրս շուտով կը պատրասպուէր եւ մօրս դառնալով կ'ըսէր.

— Ես շուտով կը վերադառնամ, Հելէն:

Եւ արագ քայլերով կը հեռանար: Կը վերադառնար մօտ երկու ժամ ետք, ժպիտը դէմքին: Այդ ժպիտը հորս կ'ընկերակցեր բոլոր առաքելութիւններէն վերադարձին, ինչ որ կը նշանակէր թէ առաքելութիւնը յաջող անցեր էր: Ապա, հայրս ու մայրս սուրճ կը խմէին սենեակին մէկ անկիւնը, որուն ընթացքին հայրս ցած ձայնով կը պատմէր խնդրին մանրամասնները: Ո՛չ ես, ո՛չ ալ քոյրերս եւ եղբայրս որեւէ զագտնիք կ'իմանայինք խնդիրին մասին: Այդ բացարձակապես արգիլուած էր: Այլ մարդոց խնդիրներուն մասին մանրամասներ փարածելը ամօթ էր:

Կիրակի օր մըն էր: Ութ պարեկան էլի: Մենք ճաշեր էինք: Հայրս զիս բակին մէկ անկիւնը գտնուող խոհանոցը պարալ, ձեռքերս ու բերանս լուալու համար: Հազիւ խոհանոցէն դուրս եկանք, մէկը փողոցի դուռը ուժգին թակեց: Ես վազեցի եւ դուռը բացի: Երիտասարդ փողամարդ մըն էր: Նկատեց բակին մէջտեղը կեցած հօրս եւ հեւալով ըսաւ.

— Միքայէլ աղբար, շուտ հասիր: Դաննակի խաղ պիտի ըլլայ:

— Ովքե՞ր են — հայրս հարցուց:

— Գեւոն եւ Համբիկը, Արամ քեռիին տունը:

— Լաւ, դուն գնա, ես շուտով կը պատրաստուիմ եւ կուգամ:

Մայրս սուրճ պատրաստելու գործնթացը կասեցուց: Հայրս պէտք էր մեկներ առանց յապաղումի: Ես այդ տպա- ւորութիւնը ունեցայ, որ փեղեակ էր ինդիրէն եւ գիտէր թէ որքան լուրջ հարց է: Իսկ ես գոհ չէի այս վիճակէն:

Ամառ էր եւ հայրս ամռան ընթացքին ընդհանրապէս հեռու կը մնար տունէն: Զբաղած կ'ըլլար ամռան բերքերը մէկ քաղաքէն միւսը փոխադրելով եւ այդ շրջանին տունը գտնուի- լը ինծի մեծ ուրախութիւն կը պատճառէր: Հազիւ երկու կամ երեք օրուայ համար տուն այցելեր էր եւ մենք զինքը դարձեալ պիտի փեսնէինք մէկ կամ երկու ամիս ետք: Կը մտածծի որ այս առաքելութեան պատճառաւ հայրս առնուազն երկու ժամ պիտի հեռանայ տունէն եւ սա ինծի համար տանջանք էր: Ուստի երիտասարդը հեռանալէն ետք, ես միամտաբար խնդրանք մը ներկայացուցի հօրս, քաջ գիտնալով որ ան պիտի մերժէր.

— Պապա, ես ալ գա՞մ հետդ:

Հայրս պահ մը կանգ առաւ, ժպտաց, եւ ապա՝

— Լաւ, եկո՛ւր գդաս,— փաղաքշական ձայնով ըսաւ:

Երեւի ինքն ալ իր կարգին, իր կրտսեր զաւկին կարօտը կը քաշեր:

Իմ ուրախութիւնս չափ ու սահման չունէր: Անընթարթի

մը մեջ կոշիկներս հագուեցայ եւ արդէն պատրաստ էի:

Հայրս հրաժեշտ փուալ վան միս անդամներուն եւ մենք փունէն դուրս ելարուեցանք: Ան արագ քայլերով յառաջ կ՚ընթանար: Երբ նկատեց որ իր հետ չէի կրնար քայլ պահել, ձեռքս բռնեց եւ զիս իր հետ քաշեց: Քիչ երբ, մինչ միասին կը սուրայինք, հայրս ինծի դառնալով, դարձեալ փաղաքշական ձայնով ըսաւ.

— Ձեռքդ կը ցաւի՞, փդաս.

— Ո՛չ, պապա, չի ցաւիր,— պատասխանեցի ես, թէեւ այդ ճիշդ պատասխան չէր:

— Պէտք է շուտ հասնինք, փդա՛ս, նախքան փորձանք մը պատահիլը: Քիչ ժամանակեն կը հասնինք:

Այդ փունը, զոր պիտի այցելէինք, մեր թաղամասէն բաւական հեռու գտնուող հայկական թաղամասի մը մէջ կը գտնուէր: Երբ վերջապէս հասանք այդ վան թաղին անկիւնը, անկիւնին մայթին վրայ ուրքի կանգնած էր երեսուն տարեկանի մօտ փդամարդ մը, որ մեզ կը սպասէր.

— Միքայէլ աղբար, վազէ՛ քանի ու2 չէ:

— Ես կը վազեմ փդաս, բայց երեխաս փոքր է, չի կրնար ինծի հետ քայլ պահել:

Երիտասարդը շուտով կռահեց խնդիրը եւ զիս ակռնթարթի մը մէջ իր շալակը ներելով, երկուքը միասին սուրացին դէպի թաղին միս անկիւնը գտնուող փունը:

Նախ հայրս ներս մտաւ եւ ապա՝ ես: Երիտասարդը դուրսը մնաց: Ընդարձակ բակ մըն էր: Պապին չորս կողմը երկուքական շարք աթոռներ շարուած էին, իսկ երկու իրար հանդիպակաց կողմը՝ հինգական աթոռ, որոնցմէ իւրաքանչիւրը կը կազմէր աթոռներու երրորդ շարք մը:

Երրորդ շարքի կեդրոնական աթոռներէն մէկուն վրայ

նսպեր էր հասոր եւ սեւ պեխով միջահասակ մարդ մը, իսկ հանդիպակաց աթոռին վրայ՝ դարձեալ միջահասակ մարդ մը, քիչ մը խարպեաշ մազերով եւ մաքուր ածիլուած երեսով: Երկուքին ալ ձեռքին մէկական բաւական մեծկակ դաշոյն կար: Երկուքն ալ իրենց աչքերը սեւեռած էին բակի կեդրոնին վրայ, սակայն անոնց հայեացքը բակին վրայ չէր կեդրոնացած: Կարծես կը նայէին ուրիշ փեդ մը, ուրիշ աշխարհի: Երկուքին դէմքին ալ բարկութիւնը շատ յստակ կ՚երեւար: Այդ օրուայ խնդիրը այն երկուքին միջեւ էր: Իսկ մնացեալ ներկաներուն աչքերուն մէջ կար զարհուրանք, ինչ որ սպասողական վիճակ: Կարծես բոլորը մօտեցող փոթորիկին կը սպասէին...

Հայրս հազիւ իր ոտքը բակէն ներս նետեց, բոլորը ոտքի կանգնեցան: Հայրս մօտեցաւ կարգ մը իր ծարիքի անձանց, թէ՛ այրեր եւ թէ փիկիններ, որոնց հետ երեւի մօտիկ բարեկամական կապեր ունէր, մէկ առ մէկ բարեւեց եւ քանի մը խօսք փոխանակեց անոնց հետ: Տիկիններր, որոնք թէեւ իր փարիքի կիներ էին, հորս ձեռքը համբուրեցին: Թէեւ հայրս մեր շրջանակին մէջ յարգանք կը վայելէր, սակայն ես այնքան յարգանք չէի տեսած հորս հանդէպ, որքան որ ականատես եղայ այդ օրը:

Երբ բարեւի փոխանակումը վերջացաւ եւ ամէնքը նսպեցան, հայրս նախ մօտեցաւ պեխաւոր փոդամարդուն, որ ես եդքեն իմացայ՝ Գեւոն էր եւ ականջին ինչ որ բան փսփսաց, եւ ապա իրեն յապուկ քրքիջր արձակեց – հա հա հա հաաաաա. ապա մօտեցաւ Համբիկին եւ նոյնը կրկնեց անոր հետ: Յետոյ գնաց բակին կեդրոնը, դէմքը դարձուց մէկ այլ իրեն փարեկից մարդու, որուն հետ նախապէս մփերիմ խօսքեր փոխանակեր էր եւ խօսքը ուղղելով անոր, րսաւ.

— Պեդո՛, աբարս, այս ինչե՛ր կը պապահի, երկու եղբայրներու մէջ նման բաներ կը պատահի՞ն: Հա հա հասատա, մօտս եկէք նայիմ:

Հորս աչքերէն արցունքը հեղեղի նման կը հոսէր:

Այնքան անկեղծ, այնքան սրտաբուխ խօսքեր, որ ոմանք չդիմանալով փեսարանին, սկսան բացէ ի բաց արտասուիլ:

Քանի մը վայրկեան հայրս անշարժ ոտքի կեցաւ բակին կեդրոնը: Ապա Գեւոն ոտքի կայնեցաւ, սակայն մնաց իր փեղը: Համբիկը նոյնպէս ոտքի կայնեցաւ, սակայն մնաց իր փեղը: Կարճ ժամանակ նոյն դիրքին վրայ մնալէ եփք, երկուքն ալ դանդաղ քայլերով մօտեցան հորս, որ պակաւին կ՚արտասուէր: Նախքան շարժիլը սակայն, երկուքն ալ իրենց ձեռքերուն մէջ բռնած դաշոյնները իրենց մօտ գտնուող աւելի պարեց մարդոց յանձնեցին:

Երբ արդէն երկուքն ալ հորս մօտն էին, հայրս դողդղացին ձայնով.

– Հիմա ձեռնուեցէք իրարու հետ,– եւ այս անգամ բարձրաձայն արտասուելու սկսաւ հայրս:

Գեւոն եւ Համբիկը ձեռնուեցան եւ եփքէն ողջագուր- ուեցան:

– Գեւoooooo, ես ինչպէ՞ս քեզի վնասեմ,– Համբիկն էր:

– Ինձի վնասողը դուն ըլլաս, աղբատար:

Բոլոր ներկաները անխտիր կ՚արտասուէին:

– Oղին բերէ՛ք, oղին բերէ՛ք,– փարեց կիներէն մին հրամայեց:

Միջին պարիքի կին մը oղիի երեք բաժակներ բերաւ, մին հորս, մին Գեւոյին եւ երրորդը` Համբիկին: Երեքը միա- սին, oղիով լեցուն բաժակները բարձրացուցին եւ իրարու բարի կամեցողութեան խօսքեր եփք` խմեցին:

Տիկիններէն մին հորս դառնալով.

— Միքայէլ աղբար, հրամէ՛, այս աթոռին վրայ նստի՛ր, միասին պիտի ուտենք:

— Չէ՛ աղջիկս, պէտք է երթամ: Երկու օրէն դարձեալ քաղաքէն պիտի հեռանամ, ցորէն պիտի փոխադրեմ...

Հորս շապ փորձեցին համոզել, որ ճաշի մնայ, սակայն իւրաքանչիւր անգամ հայրս մերժեց: Ամօթ էր մնալ: Ան եկեր էր որպէս հաշտարար եւ իր առաքելությիւնը կատարելէ եպք, պարտաւոր էր մեկնիլ: Ճաշի մնալը պիտի նմաներ ինչ որ առեւտուրի, այսինքն՝ հաշտարարի դերակատարութեան փոխարէն՝ ճաշ: Իսկ հորս համար հաշտութիւնը փեսակ մը սրբութիւն էր, անգին էր:

Հայրս հրաժէշտ տուաւ ու մենք շուտով վերադարձանք տուն: Ճամբուն վրայ ես հորս հարց տուի, թէ՝

— Պապա, ի՞նչ էր խնդիրը որ դուն լուծեցիր:

Հայրս կանգ առաւ, գլուխս շոյեց, ապա՝

— Տղաս, երբ որեւէ մէկը քեզ իրեն վերաբերեալ գաղտնիք կուտայ, վստահելով քու գաղտնապահութեանդ, երբեք այդ գաղտնիքը ցյայտնես որեւէ մէկուն: Սա ականչիդ օղ թող ըլլայ:

Ապա համբուրեց զիս եւ մենք շարունակեցինք մեր ճամբան:

Ես գոհ էի հորս խրատէն: Մինչ մենք կը քալէինք, ես հիանալով կը մտածէի հորս հաշտարարի դերն սպանճնելու կարողութենէն: Որքան որ տարիները կ'անցնէին, այնքան յարգանքս կ'աւելնար հորս հանդէպ, իր հաշտարարի դերին առումով:

Սակայն յարգանքի փուրքս շապ աւելի մեծ է բոլոր այն ազգակիցներուն հանդէպ, որոնք որդեգրեր են սոյն դիր քորոշումը՝ այս նախապետական սովորութեան նկատմամբ։

Հայրս, ինչպէս նաեւ այլ ազգակիցներ, որոնք այս կարողութիւնը ունին եւ կը կիրարկեն այդ սովորութիւնը, պիտի չկարենային այս վեհ առաքելութիւնը ի գործ դնել, եթէ գոյութիւն չունենար նման համակարգը ընդունող հասարակութիւնը։

Ես կը հաւատամ որ մեր նախնիները ունեցած են այս համակարգը եւ զայն գործադրած են, որ նաեւ մեզի հասեր է մեր արեան կանչով...

ԵՂԲՕՐՍ ԱՌԱՋԻՆ ՄԻԿԱՐԷԹԸ ՀՕՐՍ ՆԵՐԿԱՅՈՒԹԵԱՆ

Եղբայրս Մինասը ինձմէ ութ տարով մեծ ըլլալուն, որպէս աւագ զաւակ յարգանք կը վայելէր մեր տան մէջ։ Ես պարտաւոր էի իր հրահանգը անմիջապէս կատարելու։ Այդ պատենական օրէնք էր, որու խախտման պարագային ապտակը միշտ պատրաստ էր... եղբօրս ծանր ձեռքերուն շնորհիւ։

Օրինակ, երբ եղբայրս Կիրակի օրերը իր ընկերներուն հետ քաղաք երթար զբօսնելու, ես իր կօշիկները կը ներկէի եւ յետոյ միայն կը ներկայացնէի իրեն։ Այս բոլորին փոխարէն, ան երբեմն ինձի քիչ մը դրամ կուտար, որ իր կարգին կը սպանար հոռմէս։

Այս պատենական օրէնքը մեծ բծախնդրութեամբ պահպանուեցաւ մեր տան մէջ մինչեւ իմ պատանեկութիւնս, երբ ես, երելի բնական նախախնամական պայմաններով, հասակով զերազանցեցի եղբօրս...

Եղբայրս փասներէք փարեկան հասակէն սկսեալ կը ծխէր։ Մայրս միշտ կը սասպէր զինք.

– Տղաս, առողջութեանդ վնաս է։ Իսկ երբ հայրդ իմանայ, ապա ի՞նչ պիտի պատահի.

– Չ'իմանար, մամա, հոգ մի ըներ։ Յետոյ, որմէ՞ պիտի իմանայ.

Ու մէկ-մէկ մեր աչքերուն սպառնական նայուածք նետելով, իր միտքը կը փոխանցէր բոլորին...

Անգամ մը, Կիրակի կէսօրուան ճաշէն ետք, հայրս կ'ուզէր խանութպանէն ինչ որ առարկայ մը բերել։ Մայրս միջամտեց:

— Միքայէլ, ինչո՞ւ Մանուկին չես որկեր:

— Հոգ չէ, քիչ մը ծանր էր ճաշը, ես երթամ որ սպամոքսա թեթեւնայ:

Կիրակի օրերը խանութները ընդհանրապէս փակ կ'ըլ-լային: Միայն Պետրոսը յաճախորդ կ'ընդունէր, օգտուելու համար առիթէն: Խանութը շատ հեռու չէր մեր փունէն: Հայրս սովորաբար գնումի ժամանակ նաեւ գրոյցի կը բռնուէր Պետրոսին հետ զանազան նիւթերու մասին, ներառեալ քաղաքականութեան: Այդպիսով պէտք եղած առարկան աւելի ուշ ժամանակով փուն կը հասներ:

Թերեւս այդ պատճառով մայրս կը փափաքէր, որ այդ օր ես երթայի խանութ:

Երբայրս, որ այդ օրերուն փասնեօթ փարեկան էր, առիթէն օգտուելով շուրով սիկարէթ մը վառեց:

— Տղաս, ի՞նչ կ'ընես, հիմա շուրով հայրդ կը վերա-դառնայ:

— Պապան կես ժամէն առաջ չի վերադառնար: Մինչ այդ ես սիկարէթս ծխած կ'ըլլամ:

Երբայրս հազիւ երկու անգամ մեծ ախորժակով սիկա-րէթին ծուխը շնչեր էր, երբ անսպասելիօրէն հայրս ներս մտաւ:

— Պետրոսը հոն չէր, ընպանեօք բացակայ էին:

Հայրս նախադասութիւնը հազիւ վերջացուցած էր, երբ սիկարէթի ծուխը նկատեց: Երբայրս արագ շարժումով ձեռ-քերը իրար միացուց, ափերը դէպի վար դարձնելով սիկարէթը պահեց երկու ափերէն կազմուած փոսին մէջ:

Տան մէջ քար լռութիւն փիրեց: Հայրս աթոռին նստեցաւ, այս ու այն կողմ նայելով, երբեմն աչքին փակէն եղբօրս ձեռքերուն նայելով, որոնց մատներու արանքէն սիկարէթին ծուխը վեր կը բարձրանար: Ամէնքս կը սպասէինք պայթիւնին, որ պիտի գար հոռս կողմէ:

Քիչ անց, մոխիրի մեծ կտոր մը եղբօրս ափերուն փակեն զետին ինկաւ: Մոխիրի զետին դաշլը թէեւ անառմուկ էր, իմ վրաս որոպումի ազդեցութիւն ունեցաւ: Բոլորս մեր հայեացքը սեւեռեցինք հոռս վրայ: Պայթիւնը այդ կողմէն պիտի գար...

Հայրս քանի մը անգամ աչքերը փակելով երկար շունչ քաշեց, յետոյ հանդարտ քայլերով եղբօրս մօտեցաւ ու հազիւ մէկ կամ երկու քայլ հեռու էր եղբօրմէս.

— Հապ մ'ալ փուր ես ծխեմ...

— Հաաա, պապա, ուզածդ սիկարէթ ըլլայ:

Ես թէեւ միշտ անհանգիստ կը զգայի սիկարէթի ծուխէն, այդ օրը ծուխը ինծի համար վարդի բուրմունք ունէր: Եղ-բայրս, իր կարգին, մենաշնորհի սպացաւ ազապօրէն ծխելու հորս ներկայութեան:

Աւա՜դ, սակայն, այս պապահարը լաւ արդիւնք չրնծայեց հորս: Ան փասներէք փարի սիկարէթէ հեռու մնալէ ետք այն-քան ծխեց, որ չորս փարիներ ետք իր մահկանացուն կնքեց թոքերու քաղցկեղէն...

Աստուած հոգիդ լուսաւորէ, սիրելի՛ հայրիկ:

ԱԶԳԻՆ ՄԱՐՉԻՉԸ

— Բարի պապիկը եկա՛ւ, լուռ կեցէք:

Մանկապարտէզի դասընկերս՝ Արսէնը նկատեր էր, որ դասարանի կռքի փողոցի պատուհանէն մեզ կը դիտեր պարոն Արգարեանը:

— Ամէնքդ խելօ՞ք էիք այսօր:

— Այո՛, պապիկ:

Մանկապարտէզի աշակերտներուս համար ան մեր պապիկն էր: Չեռքին թղթէ փոպրակ մը, որ կը պարունակեր բոված սիսեռի գունաւոր շաքարապատ հապիկներ: Մեր բարձրաձայն հաւաստիացումը լսելէ ետք, որ շատ հեռու էր իրականութենէն, թիչ անց ան արդէն ներսն էր: Չեռքը կը նետեր փոպրակին մէջ ու ափին մէջ սեղմած հապիկներէն երեքական հատ կը բաժներ աշակերտներուն: Պատուհանին առջեւ պապիկի յայտնուելէն մինչեւ սենեակէն հեռանալը, քար լռութիւն կը փիրեր սենեակին մէջ: Դուռը հագիւ փակուեր «բնական» աղմուկը կը վերսկսեր, այս անգամ աւելի աշխուժանալով քաղցրաւենիքի ագղեցութեան վրակ...

Պապիկը նախակրթարանի աշակերտներուն համար դպրոցի մարգիչն էր: Տարուան չորս եղանակներուն կարծ փափատ ու կարճթել շապիկ հագած, կը պտտեր դպրոցէ դպրոց եւ նախակրթարանի աշակերտ ու աշակերտուհիներուն զանազան մարգանքի դասեր կուտար: Մարգանքին մէկ մասը փեղի կ'ունենար փայտէ պատրաստուած օղակներով եւ աշակերտները կ'ընդօրինակէին «ազգի մարգիչ»ին շարժումները, զորս ան կը կատարեր դարձեալ նոյն օղակներով: Այս ամբողջ ծառայութեան համար ո՛չ մէկ հաբուցում կը սպանար այս ազգանուէր հայրը:

Ալա՛ն, ես չհասայ այդ մարզանքի դասերուն: Նախակրթարանի երկրորդ վարիս էր: Ես այդ մարզանքի դասերուն պիտի մասնակցէի յաջորդ վարիէն սկսեալ: Այդ վարի սաստիկ ցուրտ մը պապեց շրջանը: Այնքան ցուրտ, որ վուներու կտուրներէն հոսող անձրեւի ջուրը սառելով «ծառի ճիւղեր» կազմեց, երկարելով կտուրներէն մինչեւ գետին: Ահա այդ օրերէն մին, կայծակի արագութեամբ վիսուր լուր մը վարածուեցաւ: Մահացեր էր «ազգի մարզիչ»ը, այդ սաստիկ ցուրտին չդիմանալով, յետ մանր արկածի մը որ պատահեր էր Լիբանանի լեռնային գիւղի մը մէջ, ուրկէ կ'անցնէր ան հեծանիւով: Ըստ երեւոյթին, հեծանիւը սահեր էր ճամբուն վրայ սառած անձրեւաջուրէն, գետին վիապալելով վարոն Աբգարեանը:

Ամայացած վողոցէն անցնող մարդիկ նշմարելով զինք, օգնութեան վութացեր էին, սակայն այլ ուշ էր...

Յավիկանշական դէպք մը, որ կը կրկնուէր մանկապարտէզի վարիներուս, մնաց յիշողութեանս մէջ: Գրասեղանիս կողքի աթոռը կը գրաւէր դասընկերս` Արմենակը, երեխաներէն ամէնայաղթանդամը: Ան իր մեծ եղբօր` Սարգիսին նման ճկուն մարմին ունէր: Սարգիսը յաճախ զբոսանքի ժամանակ իր հնարքը ցոյց կուվար` ձեռքերուն վրայ քալելով, ինչ որ ամէնքս հիացմունքով կը դիտէինք:

Ամէն անգամ որ վաավիկը քաղցրաւենիք բաժնէր, վերջին բաժինը Արմենակին կ'երթար: Պավիկը մնացեալ հավիկները, քանակով աւելի քան վասը` վոպրակով Արմենակին կը յանձնէր: Մենք բոլորս նախանձով կը հետեւէինք այս վեսարանին: Արմենակը առաջին երեք հավիկները կ'ուտէր դասարանին մէջ, իսկ մնացեալը` գրոսանքին:

Ես Արմենակին վերջին անգամ վեսայ, երբ թաղի

ընկերներուս հետ իր փունը այցելեցինք, հրաժեշտ փալու համար: Ներգաղթ էր: Արմենակին ընտանիքը, ուրիշ շատ հայ ընտանիքներու պէս, կը մեկնէին հայրենիք: Հոն ներկայ էր նաեւ մեր հարեւաններէն մին` Պաղպոն: Վերջինս` Արմենակի հօր, Կարապետի հետ ողջագուրուելով, մանկան պէս կը հեծկլտար։

— Սասունցի երա՛յրս...

Սասունցի էր Արմենակը: Տարիներ վերջ, երբ ես հասպատուեր էի Կիպրոս, մշակութային ձեռնարկի մը առիթով իմացայ հանրածանօթ պարոն Սեպուհ Աբգարեանէն, պապիկի որդիէն, որ Աբգարեանները նոյնպէս Սասունցի են: Միայն այն ապեն հասկցայ թէ ինչո՛ւ պապիկը քաղցրաւենիքին մեծ մասը կուտար Արմենակին, իր հայրենակիցի զաւակին...

ՆՈՐ ԿՕՇԻԿՆԵՐՍ

Գարուն էր: Երկու շաբաթ մնացեր էր Սուրբ Զատկուայ տօնին: Շուտով պիտի սկսէին մեր դպրոցական արձակուրդները այս առթիւ: Անհամբեր կը սպասէի դասերու աւարտին, ո՛չ միայն արձակուրդը վայելելու, այլ նաեւ փրկուելու ներ կացութենէն, որուն մատնուեր էի իմ հնամաշ կօշիկներուս պատճառով...

Ծնողքիս դրամական կարողութիւնը կը ներեր տարին առաւելագոյնը մէկ զոյգ կօշիկ ապահովելու ինծի, հազուագիւտ առիթներով՝ երկու զոյգ: Այդ պարի, երբ պաս պարեկան էի, մէկ զոյգի համար ալ գումար չկար...

Իսկ իմ կօշիկներս պապառոտուած էին, մանաւանդ աջր՝ որով ես գնդակին կը խփէի: «Ֆութպոլի» սիրահար էի: Օր չէր ըլլար որ մօտակայ դաշտերէն մէկուն կամ միւսին վրայ, կամ նոյն թաղին մէջ, ուր կը բնակէինք, ընկերներուս հետ գնդակ չխաղայի: Անծրեւ, արեւ, երբեք խոչնդոտ չէր մեզի համար: Կը խաղայինք մինչեւ մեզ փունէն կանչէին.

– Արա՛, շուտ փուն եկո՛ւր, պիտի ճաշենք:

Արան շուտով կը հեռանար «դաշտէն»: Քիչ վերջ Միհրանին մեծ քոյրը կը կանչեր.

– Միհրա՛ն, եկո՛ւր, վաղուան դասերդ սորուիր:

Եւ այսպէս ընկերներս մէկ առ մէկ իրենց փունները կը վերադառնային զանազան պապճառներով: Երբեմն կը պապահէր, մանաւանդ շաբաթավերջին կամ արձակուրդի օրերուն, որ մեզ ազատ կը թողնէին մեր խաղը շարունակելու մինչեւ երեկոյ: Այդ օրերը մենք կը խաղայինք մինչեւ որ մութը պապէր դաշտերը ու մէկ առ մէկ վերադառնայինք մեր փունները: Այդ օրերուն մեր թաղերը կը լուսաւորուէին մէկական լամբերով, որոնք փեղադրուած էին իւրաքանչիւր թաղի անկիւնները:

Սակայն այդ լամբերը մեզի համար կը ծառայէին միայն որպէս թիրախ: Քաղաքապետարանի պաշտօնեաները հազիւ թէ կոտրած լամբերը փոխարինէին նորերով, թաղի փողաքը քարկոծելով կը կոտրէին նոր լամբերը: «Թիրախը» ոչնչացնող փողաքը յաջորդ օրերուն «հերոս» փիփոդոսները կը կրէին...

Ձապիկէն երկու շաբաթ առաջ իմ կօշիկներս այնքան կարկտան ունէին, որ այլեւս յարմար չէր նոր կարկտան փեղատորելու:

— Հայրիկ, նոր կօշիկ կ'ուզեմ: Ընկերներս կը ծիծաղին վրաս: Ձապիկին այս կօշիկներո՛վ եկեղեցի պիտի երթամ:

Հօրս աչքերուն մէջ արցունքի քանի մը կաթիլ- ներ գոյացան:

— Դրամ չկայ, փողա՛ս...

Հայրս մեր փան հիմնական մատակարարն էր:

Ամբողջ կեանք մը բեռնափառ մեքենայի վարիչ էր:

Տասնամեակներ առաջ, երբ համեմատաբար աւելի նուազ թիւով մեքենայի վարիչներ կը գտնուէին, այս արհեստով զբաղող մարդիկ բարեկեցիկ կեանք կը վարէին: Սակայն տարիներ վերջ հարցը փոխուեր էր: Հայրս ալ հազիւ կը կարողանար մեր ընտանիքին ապրուստը ապահովել:

Ամէնօրեայ ապրուստը առաջնահերթութիւն ունէր: Նոր կօշիկներ գնելու «շռայլութիւնը» առաջնահերթութիւն չէր: Ես վիճակը լաւ կը հասկնայի: Չէի փափաքեր խեղճ հօրս վրդովմութիւնը բազմապատկել: Գիրք մը առի ու սենեակին անկիւնը գտնուող աթոռի մը վրայ նստելով՝ սկսայ կարդալ: Կարդալը ինծի համար ուրիշ աշխարհի դուռ մըն էր...

Զարկուցայ առաւօտ, մաքուր զգեստներս հագած, պապուհանին առջեւ կանգնած, փողոցի անցորդները կը դիտէի։ Այդ օրը ես եկեղեցի չգացի, թէեւ այդ պարտադիր էր դարոցի կանոնին համեմատ։ Այդպէս պապառոտուած կօշիկով ինչպէ՛ս փունէն դուրս ելլէի։ Տիրացին կը դիտէի թաղի ընկերներս, որոնք առանձին կամ ընտանիքի ուրիշ անդամներուն հետ եկեղեցի կ՚երթային։ Ահա Յարութը, իր մօրը հետ մեր փան առջեւէն կ՚անցնէր։ Նկատեց զիս։

– Մանուկ, փակաւին փո՛ւնն ես։ Մի՛ ուշանար, պարոն Տիգրանը ըսաւ որ այսօր եկեղեցի չգացողը, պիտի պապժուի։

– Շուտով պիտի գամ, Յարութ։

– Յետոյ ալ գնդակ կը խաղանք։

Գնդա՛կ։ Իմ մանկութեան կախարդական՛ գանձը։

Ինչպէ՛ս հրաժարիլ ֆութպոլէն, յարմար կօշիկ չունենալու պատճառաւ։ Այդ չարչարանք էր ինծի համար։ Ես պապրասպ էի պարոն Տիգրանին պապիձը կրելու, բայց բացակայիլ գնդակի խաղէ՛ն։ Որոշեցի փան մէջ սպասել մինչեւ եկեղեցական արարողութիւններուն աւարտը եւ դուրս գալ միայն այն ատեն, երբ ընկերներս խադի լծուէին եկեղեցիէն վերադարձին։ Է՛հ, թող ծիծաղին, կը մփածէի...

Այս մտորումներու մէջ էի, երբ մեծ քրոջս ձեռքի զգուանքը զգացի ուսերուս վրայ։ Բերանը ականջիս մօտեցնելով՝ քնքոյշ ձայնով ըսաւ։

– Այսօր նոր կօշիկներ կ՚ունենաս...

Պահ մը այդ զգացումը ունեցայ, որ այս խօսքերը լոկ խրախուսանք էին։ Բայց այդպէս չէր։ Քոյրս, ծնողքիս հետ խորհրդակցութենէ ետք, երեքը մէկտեղ որոշեր էին պարտքով ինծի համար կօշիկ գնել։ Քոյրս, քիչ ետք, այդ առաքելութեան համար փունէն ելաւ եւ ուղղուեցաւ պարոն Զաւէնին

պուն-խանութը։ Վերջինս իր բակով տան մէկ սենեակը վե-
րածեր էր աշխատանոցի, ուր կը ծախեր իր կարած կօշիկները։
Իմ կնքահայրս իր կօշկակարի արհեստը սորվեր էր պարոն
Ջաւէնին մօտ եւ բաւական վարպետութիւն ձեռք բերելէ ետք,
իր անձնական արհեստանոցը կերպեր էր, դարձեալ սկզբնա-
կան շրջանին, իր տան մէջ։ Շատ անգամ կնքահայրս ինքը կը
կարեր իմ կօշիկներս, սակայն այդ տարի ուրիշ միջոցներով
արդէն օգնութեան հասեր էր մեր նեղութեան մատնուած
ընտանիքին...

Քոյրս նախապէս իմ ոտքիս չափը առեր էր ու շատ
չանցած՝ վերադարձաւ գոյգ մը յարմար կօշիկներով, խաւա-
քարտէ տուփի մէջ։ Ոտքիս անցուցի, ճիշդ ոտքերուս չափն էր։
Ուրախութեանս սահման չկար։ Նոր կօշիկնե՛ր։ Ալ պիտի
կարենայի դպրոց մտնել առանց ընկերներուս քմծիծաղը յա-
ռաջացնելու։ Քոյրս կօշիկներս գներ էր այդ պայմանով, որ
իւրաքանչիւր շաբաթ պարոն Ջաւէնին պիտի վճարէինք
միայն կէս ոսկի ու վեց շաբաթ ետք երեք ոսկիի պարտքը
պիտի փակուէր։

Շատ չանցած ես արդէն փողոցն էի։ Նեղուեցայ մօ-
տակայ դաշտը, ուր կարգ մը ընկերներ արդէն սկսեր
էին գնդակ խաղալ։ Քիչ ետք աննից միացան ուրիշ ընկերներ
ալ, որոնք կը վերադառնային եկեղեցիէն։ Տակաւին կէսօր չէր,
եւ բաւական ժամանակ կար գնդակ խաղալու մինչեւ կէ-
սօրուայ ճաշը։

— Մանո՛ւկ, մտի՛ր դաշտ, մեր կողմէն մասնակցիր։

Պարգեւն էր։ Լուրջ «ֆութպոլիստ» մը, որուն համար
յաղթանակը շատ թանկ էր։ Իր խումբին մասնակցիլս վստահ
յաղթանակ կը նշանակէր, քանզի «վարպետ» խաղցողի
համբաւ կը վայելէի։

— Չե՛մ կրնար, Պարգեւ, նոր կօշիկներս պակաւին քիչ առաջ սպացայ:

Ուշի ուշով կը հետեւէի խաղին: Դուրսէն դիտողութիւններ կ՚ընէի.

— Ծօ՛ Ալօ, զնդակին այդպէ՛ս կը խփեն: Լեւո՛ն, դարպասը լա՛ւ պաշտպանէ: Շահէ՛...

— Երէ՛ շատ հետաքրքրուած ես, եկո՛ւր, խաղա՛:

Շահէն հագիւ ալարպեր էր խոսքը, նետուեցայ դաշտ: Գնդակին թիւղիչ ուժը զիս մոռացութեան մատնեց: Պարգեւին խումբին մաս կազմեցի: Յաղթանակը ապահովուած էր: Մեր արձանագրած կոլերուն թիւր հետզհետէ կը բարձրանար: Այնպէս յափշտակուած կը խաղայինք, որ ժամանակի անցնիլը չզգացինք: Մենք սթափեցանք միայն երբ Յովսէփը, Պարգեւին մեծ եղբայրը, դաշտին մօտակայ փողոցէն կանչեց՝

— Պարգե՛ւ, շուտով տուն դարձի՛ր, ճաշը պատրաստ է:

Պարգեւը յաղթական հեռացաւ դաշտէն: Անոր յաջորդ դեցին Ալօն, Լեւոնը, ուրիշներ: Մնացինք միայն ես ու Շահէն, որ զնդակին տէրն էր: Քիչ վերջ ան ալ հեռացաւ, իր փոքրիկ եղբօր կանչին անսալով.

— Շահէ՛, եկու՛ր...

Մնացի առանձին: Ես ալ պետք էր վերադառնայի տուն: Միայն այդ պահին յիշեցի իմ նոր կօշիկները: Խաղի ամբողջ տեւողութեան, մոռցեր էի թէ ինչպէս քոյրս պարտքով բերեր էր զանոնք, միայն քանի մը ժամ առաջ: Զոյգերէն մէկուն կրունկը չկար, իսկ միւսին վրայ՝ փոս մը, ճիշդ այն մասը, որով ես զնդակը կը խփէի: Պահ մը սառած մնացի: Սիրտս դող մտաւ: Դաշտին մէջ կորսուած կրունկը գտնելու փորձերս ապարդիւն էին: Քարքարոտ էր գետինը, եւ փեղ փեղ խոտով ծածկուած:

Այն դաշտը, ուր կը խաղայինք, տեսանելի չէր մեր տունէն: Զիս փնտռելու համար, քոյրս մինչեւ թաղին անկիւնը քալեց, եւ տեսնելով որ աչքերս գետին յառած աչ ու ձախ կը պտտիմ, հարցուց.

— Մանո՛ւկ, ի՞նչ կը փնտռես գետնէն: Ա՛լ տուն վերադարձիր, պիտի ճաշենք:

Փնտռոտուքս կասեցուցի եւ փիւր փրփում սկսայ քալել դէպի քոյրս: Հագիւ մօտեցայ, քոյրս շողեց զլուխս քրոջական սիրով եւ հագիւ շրթունքներս մօտեցուց երեսիս համբոյր մը դրոշմելու, նշմարեց նոր կօշիկս արդէն մաշած մասը եւ`

— Այ փդա՛յ, ծո՛ փակաւին մէկ դրուշ չեմ վճարած, այս ի՞նչ ըրեր ե՛ս:

Արցունքի կաթիլներ կը հոսին քրոջս աչքերէն:

Երկուքս առանց բառ մը արտասանելու քալեցինք մինչեւ տուն, քոյրս` արտասուելով մեր ընտանիքին փնտեսական նեղ դրութեան համար, իսկ ես` իմ արարքով այդ ցաւը աւելցնելու համար...

ՈՒՍՈՒՑԻՉՆԵՐՍ

Մեր մանկապարտէզի ուսուցչուհիները ան-
խտիր ամէնքն ալ ամուրի կիներ էին, թէեւ
ոմանք թոռներ ունեցող կիներու փարիքն
ունէին:

Նոյնպէս նախակրթարանի ուսուցչուհիներս: Իսկ նա-
խակրթարանի ուսուցիչներս միայն դպրոցի փնօրէնը եւ
կրօնի ուսուցիչը, որ միաժամանակ դպրոցի յարակից եկե-
ղեցիին դպրապետն էր, ամուսնացեր ու ընտանիք կազմեր
էին: Ինծի կը թուէր, որ անոնք կուսակրօն հոգեւորականներ
էին, այն պարբերութեամբ որ միՙչ կուսակրօն հոգեւ-
րականները կը ծառայէին Աստուծոյ, մեր ուսուցչուհիները կը
ծառայէին մեզի, աշակերտներուս եւ, հետեւաբար, կարելի չէր
ամուսնանալ: Մեր միտքերուն մէջ ուսուցչուհի եւ օրիորդ
բառերը իրարու հոմանիշ դարձեր էին, այնպէս որ, երբ որեւէ
հարցով դիմէինք ուսուցչուհիի մը, խօսքը կը սկսէինք այսպէս.

– Օրիորդ, ձեր վերջին նախադասութիւնը կը կրկնէ՞ք,
չհասկցայ – եւ այսպէս շարունակ:

Պատահեցաւ, որ իմ թաղի ընկերներէս մին, Զարեհը,
որ ուրիշ դպրոց կը յաճախէր, ուր ուսուցչուհիներէն մին
ամուսնացած կին էր, երբ խօսք առներ նոյն ուսուցչուհիին
մասին կ՚ըսէր.

– Մեր հայերէն լեզուի փիկինը շապ խիսպ է:

Ես կը զարմանայի թէ ինչպէ՞ս ոչ–օրիորդ մը ուսուց-
չուհի կ՚ըլլայ:

Ես իմ մանկապարտէգեան եւ նախնական ուսումս
սպացայ Մեսրոպեան վարժարանէն ներս, ուր բարձրագոյն
ասպիճանը նախակրթարանի վեցերորդ դասարանն էր: Ու-

սումը շարունակել փափաքողը կը պարտէր յաճախել այլ դպրոցներ, որոնք աւելի բարձր կրթութիւն կը մատուցէին:

Մեր թաղի փուներէն մէկուն մէջ կ՚ապրէր նախկին ուսուցչուհի մը, իր ամուսնոյն եւ չափահաս փղուն հետ: Սակայն թաղեցիները զինք կը ճանչնային որպէս «օրիորդ» Շուշան:

Օր մը մեր դրան զանգը հնչեց: Մայրս պապուիրեց, որ երթամ նայիմ թէ ո՛վ է: Դուռը բանալուն` դէմս գտայ «օրիորդ» Շուշանը:

– Մամադ փո՞ւնն է, – հարցուց:

– Այո փունն է, օրիորդ Շուշան, հրամեցէ՛ք:

Ներս մտնելու ատեն «օրիորդ» Շուշանը բարձրաձայն ինքնիրեն խոսելով կ՚ըսէր.

– Թաղեցիները է՛րբ պիտի հասկնան օրիորդի եւ փիկինի պարբերութիւնը:

Այդ ժամանակ ես բան մը չհասկցայ ըսուածէն, միայն ութ տարեկան էի:

Օր մը, մեր դպրոցէն ներս լուր տարածուեցաւ թէ պարոն Տիգրանը փափաք յայտներ է օրիորդ Մարիին հետ ամուսնանալու: Դասընկերուհիներէս մին` Մարալը, այս մասին իմացեր էր իր մորմէն` փիկին Լուսաբերէն, որ օրիորդ Մարիին մտերիմ բարեկամուհին էր: Պարոն Տիգրանը այս մասին իր նպատակը յայտներ էր Մարալին հոր` պարոն Խաչատուրին միջոցաւ, որ իր կարգին խոսքը փոխանցեր էր փիկին Լուսաբերին: Երբ վերջինը այս նիւթին մասին զրուցեր էր օրիորդ Մարիին հետ.

– Չեմ գիտեր, Լուսաբեր, այս պարիթքէս վերջ ի՞նչ ամուսնութիւն, ի՞նչ բան:

– Քա՛ փանդ մէջ ամուսին մը կ՚ունենաս, կը խոսիս,

ժամանակ կ'անցընես... Առանձնութիւնը հեշտ բան չէ։

— Լա՛, քիչ մը մտածեմ։

Օրիորդ Մարին ամիսներ շարունակ «մտածեց»։

Ո՛չ նշանտուք, ո՛չ խօսքկապ, ինչպէս սովորութիւն էր այդ օրերուն։ Միակ նորութիւնը որ նկատեցինք այն էր, որ պարոն Տիգրանը գրօսանքի ժամանակ աւելի՛ շատ կը գրուցէր օրիորդ Մարիին հետ։ Վերջինս, սակայն, նոյն մտերմութիւնը չէր փոխադարձեր։ Պարոն Տիգրանին հարցումներուն «այո» կամ «ոչ»ով, կամ ալ գլխու շարժումներով կը պապասխանէր։ Այս դրութիւնը փեւեց մինչեւ ուսումնական տարուան վերջը։

Ամառուան արձակուրդին, ես իմացայ իմ դասընկերուհիներէս մէկէն, որ այս ծրագիրը չուրը ինկեր էր։ Երբ վերջին անգամ Տիկին Լուսաբերը այս նիւթին մասին խօսեր է օրիորդ Մարիին հետ.

— Չե՛մ սիրեր, չե՛մ սիրեր,— եղեր է օրիորդ Մարիին պապասխանը։

Այս պապասխանը ի հարկէ դարձեալ պարոն Տիգրանին հասաւ Տիկին Լուսաբերի ամուսնոյն՝ պարոն Խաչատուրին միջոցաւ։ Յաջորդ ուսումնական տարուան սկիզբը, գրօսանքի ժամանակ մեր գրոյցը այսպէս սկսաւ։

— Հարսնցուն փեսացուին չէ սիրած։

ԿՆՔԱՀԱՅՐՍ

Անքահայրս, Գէորգը, արհեստով կօշկակար, ծնողացս պսակի կնքահայրը չէր: Երբ քոյրս՝ Արփեմիսը աշխարհի եկեր էր ինձմէ երկու տարի առաջ, հայրս դիմեր էր անոր թէ.

— Գէորգ, փղաս, աւագ զաւակներուս քիրվէն (քաւոր) շապրՙնց հողը մ՚րաւ: Արփեմիսս կը կնքե՚ս:

— Անշՙւշտ, սիրով – պատասխաներ էր կնքահայրս:

Սակայն պէտք է նախ պատմեմ, թէ ի՛նչպէս երկու ընտանիքները ծանօթացեր էին իրարու:

1946, ներգաղթ: Հայրենիք գաղթող բազում հայ ընտանիքներուն միացեր են վեց մօրաքոյրներէս երեքի ընտանիքները: Ճանապարհորդութենէն մէկ օր առաջ, Ազնիւ մօրաքոյրս այցելեր է մեր փուն, իր հետ բերելով իր շապ մպերիմ հարեւանուհիին՝ փիքին Ովսաննան, կնքահօրս մայրը, ըսելով մօրս թէ՝

— Հելէն, Ովսաննան իմ ամէնամպերիմ հարեւանուհիս է, որուն քեզի ժառանգ կը թողեմ:

Այդ օրուընէ ի վեր կնքահօրս եւ մեր ընտանիքը դարձեր են անբաժանելի: Քոյրս՝ Արփեմիսը կնքելէ երկու տարի եպք, քիրւէն կնքեր է նաեւ զիս ու Գէորգը ինձի համար դարձեր է մեծ եղբայր: Ես կնքահօրս «Գէորգ աղբար» կը կանչէի, իսկ իր մօր՝ «Ովսաննա մամա»: Երբ մայրս պապրասպէր ճաշ մը, որ ես չէի սիրեր, կ'երթայի կնքահօրս փունը, որ մեր վան եպելի թաղին վրայ կը գտնուէր ու կը նստէի նոյն ճաշասեղանին շուրջ: Երբեմն կը պապահէր, որ այդ փունը պապրասպուած ճաշն ալ ինձի սիրելի չէր ըլլար: Հացիւ եպ կը դառնայի փախուստ փալու համար, կնքահօրս վեր ցատկելն ու զիս բռնելը մէկ կ՚ըլլար: Զիս կը նախեցներ աթոռին, ճաշով լեցուն պնակը կը փեղաւորեր առջեւս եւ մինչեւ ճաշը չկերած՝ թոյլ չէր տար որ սեղանէն ելլեմ: Քանի մը անգամ պատահեցաւ սակայն, որ ես փախուստ տամ, յենելով իմ արագ քայլերուս: Այդ օրերը մայրս ինծի օգնութեան կը հասներ՝ պանիր ու հաց պալով, զորս ես կ՚ուտէի մեծ ախորժակով:

Մեր տան մէջ սովորութիւն էր ծննդեան տարեդարձս փոնել Սուրբ Քառասուն Մանկանց օրը, փոխանակ իմ իսկական տարեդարձիս: Պատճառն այն էր, որ ես Քառասուն Մանկանց փոնի շաբթուն ծներ էի: Ծնողքս որոշեր են, որ եթէ մայրս մանչ ծներ, ապա զիս պիտի անուանէին կամ Յակոբ՝ հօրենական պապիս անունով, կամ ալ Սամուէլ՝ մօրեղբօրս անունով: Սակայն ինչպէս ծնողքս յաճախ կը կրկնէին՝

– Զառաճճի՛, անունդ հեպդ բերիր:

Այդ օրը անպայման մեզի կ՚այցելէր կնքահայրս, իր մօրը՝ Օվսաննային եւ քրոջ՝ Սիրվարդին հետ: Իր հետ կը բերէր զոյգ մը կօշիկներ, զորս կարեր էր նախապէս ուրքերուս չափը առնելէ ետք: Ես կը հագուէի նոր կօշիկներս, սովորութեան համեմատ՝ ձեռքը համբուրելէ ետք: Ու կը սկսէր կերուխումը, որուն ընթացքին կ՚արտասանէի մէկ կամ երկու բանասպեղծութիւններ, զորս սորվեր էի դպրոցէն:

Տարի մը, սակայն, ընդամէնը մանկապարտէզի դասարանը աւարտելէս քանի մը ամիս առաջ, Սուրբ Քառասուն Մանկանց փոնին օրը, կնքահայրս մեր փունը այցի եկաւ, առանց իր ձեռքին ունենալու սովորական կօշիկներս: Նախապէս ուրքիս չափն ալ չէր առած արդէն:

Ես պահ մը փրփմեցայ, նախ անոր համար, որ ես պէտք ունէի ֆութպոլէն մաշած հին կօշիկներս փոխարինելու նորով, իսկ երկրորդ եւ կարեւորագոյնը՝ վերանորոգուած զգալու կնքահօրս աննահման սէրը ինծի հանդէպ: Այս բոլորին վրայ կ'աւելնար այն, որ նոյն պարին, ուսումնական պարուան վերջաւորութեան ես մանկապարտէզը պիտի աւարտէի, ինչ որ առաւել առիթ մըն էր նուէր սպաuալու:

Սովորական ողջոյնի փոխանակումէն ետք, սկսաւ կերուխումը: Շատ ջանցած, կնքահայրս խօսքը ինծի ուղղելով`

— Էհ, նուէր չե՞ս ուզեր:

Տարօրինակ էր այս հարցումը: Ոչ մէկուն ձեռքը գոյգ մը կօշիկներ կրելու չափի մեծ փութ կար: Կը պապրաստուէի ըսելու թէ` անշուշտ կ'ուզէի, երբ կնքահայրս ձեռքը գրպանը դրաւ ու մէջէն փոքրիկ ծրար մը հանելով`

— Այս անգամ ոչ թէ կօշիկներ, այլ ուրիշ նուէր մը ունիս,— եւ ծրարը ինծի յանձնեց:

Ես աննիշapէս անոր ձեռքը համբուրեցի: Ծրարը փաթթուած էր նուէրի յապուկ գունաւոր թուղթով, որուն մէկ անկիւնին վրայ կար սպիտակ պիտակ մը, հեպելեալ գրութեամբ.- «Մանուկը խելօք պղայ մըն է»:

Առաջին թերթին պակ կար ուրիշ մը, որ կը յայpարարէր թէ` «Մանուկը հնազանդ պղայ մըն է»: Ես եպեւ եպեի պասներկու թերթիկներ բացի, իրաքանչիւրին վրայ պեսակ մը գովասանք` իմ հասցէին:

Այս գովասանքներէն մեծամասնութիւնը ճշմարpութիւնը չէր ներկայացներ: Ես փոpոցը կարգ մը ընկերներու հեպ կը վիճէի, որ երբեմն կը լուծուէր բռունցքի հարուածներով, փան մէջ աչ ու ձախ վազվզուքով, եւայլն: Իրաքանչիւր թերթիկի վրայ գրուած գովասանքը կարդալուս, ես կը յիշէի այն օրը, երբ գնդակովս մեր դրացիին պապուհանի ապակին կոpրեցի, երբ խաղրնկերներեւս մէկուն գլխուն քար նետելով վիրաւորեցի, մեծ քրոջս բաժին ինկած քաղցրաւենին կերայ, եւ այլ չարութիւններ:

Մինչեւ վերջին թերթիկը բանալս, անզնող մեկ պարուաj բոլոր չարագործութիւներս յիշեցի: Եւ հիմա, չնայած այս բոլորին` գովասանք...

Վերջին թերթիկը բանալէ ետք, երեւցաւ լուցկիի պուփ մը: Շուտով բացի, եւ`

– Մապանի՜ – ինքնաբուխ բացագանչեցի:

Այս ըսելս ու կնքահորս գիրկը նետուիլս մէկ եղաւ:

Ան երկու երեսներու համբոյրներ դրոշմեց, մինչ ես համբուրեցի անոր ձեռքը: Փոխադարձ սէր երկու անհապ-ներու միջեւ, որ մնաց անփոփոխ ամբողջ կեանք մը: Ես նման սէր կը ցանկամ բոլոր մարդկանց, եւ կը հաւատամ որ աշ-խարհը փարբեր գեղեցկութիւն մը կը ստանայ, ու մարդիկ աւելի բարեացակամ կը դառնան միմիանց հանդէպ: Աստ-ուած հոգիդ լուսաւորէ, սիրելի՜ կնքահայր:

Ես անհամբեր սպասեցի յաջորդ առաւoտը, որ ոսկեայ մապանիս ցոյց տամ ընկերներուս: Գիշերը, քանի մը անգամ արթնցայ, մապովս շօշափեցի մապանիս, վստահ ըլլալու համար որ փեռն է: Առաւoտ կանուխ հագուեցայ եւ փունէն դուրս նետուեցայ: Գարնան սկիզբն էր, բայց պակաւին ցուրտ: Փողոցը պակաւին ամայի էր: Քիչ ետք, իր փունէն դուրս եկաւ ընկերս Յովիկը:

– Ծօ՜ Յովիկ, երթանք հոն գնդակ խաղանք – ըսի ես եւ ցոյց փուի թաղին այն մասը, ուր պէտք էր խաղայինք: Ցոյց փուած ապեն ես ձեռքս աւելի երկար պահեցի oդին մէջ, մինչեւ Յովիկը նկապէ մապանիս: Եւ ան նկապեց:

– Ծօ՜, այս ուրկէ՞:

– Երէկ կնքահայրս նուիրեց:

– Բախտաւո՛ր:

Ինծի հաճելի թուաց այդ խոսակցութիւնը: Գնդակ չխաղցանք, որովհետեւ Յովիկը մօր հետ եկեղեցի պիտի երթար: Կիրակի էր, ինչպէս ամէն Քառասուն Մանկանց պօնին յաջորդ օրը, որովհետեւ եկեղեցական տօմարին համաձայն, ան Շաբաթ օրուան կը համընկնէր: Ես սակայն գոհ էի, որ ոսկէ մատանիս փեսաւ թաղըՆկերս:

Այդ օրը մատանիս յաջորդաբար ցոյց տուի անխտիր բոլոր թաղեցի ընկերներուս, իսկ յաջորդող օրերուն՝ դասընկերներուս:

Անցան չորս պարիներ: Հօրս գործը լաւ չէր ընթանար:

Ամիսը չլրացած՝ նախորդ ամսուան շահոյթը արդէն կ'անհետեւութեանար: Մէկ կողմէն՝ շահոյթը նոյնը կը մնար եւ երբեմն ալ նոյնիսկ կը պակսէր, իսկ միւս կողմէն մենք կը մեծնայինք եւ մեր հետ ալ կը մեծնային ամէնօրեայ ծախսերը:

Այդ ատեն օրերէն մէկն էր: Անկիւն մը ընկողմանած՝ դասագիրքներէս մին կը կարդայի: Քիչ անդին նստած՝ ծնողքիս խոսակցութեան առարկան նիւթականն էր: Մինչ կը կարդայի, ուշադրութեանս մէկ մասը կեդրոնացած էր անոնց խոսակցութեան վրայ: Հայրս, խոսքը ուղղելով մօրս՝

– Հելէն, որքա՞ն դրամ մնաց մօտդ:

– Շատ չէ, Միքայէլ, հազիւ երկու օրուայ կը պաւէ: Տակաւին հինգ օր վերջ պիտի ստանաս ամսականդ: Տակաւին չեմ խօսիր մնացեալ ծախսերուն մասին՝ ելեկտրականութիւն, ջուր, վառ վարձք...

– Կը պաւէ՛, կը պաւէ՛, Հելէն,– հայրս ընդմիջեց:

– Բայց ուրկէ՛ պիտի բերենք դրամը:

Այս վերջին արտասանութեան ժամանակ մօրս ձայնը թախծոտ երանգ մը ստացաւ: Դաղրեցուցի ընթերցումս, դէմքս իր կողմ դարձուցի, կ'արպասուէր մայրս: Այն մայրը, որ նախկին պարիներու բարօրութեան օրերուն, իր զաւակ-ներուն ամէնէն սիրուն հագուստներն էր հագցուցեր, ամէնէն ընտիր պտուղներն էր սնուցեր, այժմ դժուարութիւն կը կրէր զանոնք նոյնիսկ կերակրելու:

Հայրս, պահ մը աչքերը փակած, դէմքը դէպի վեր ուղ-ղեց: Ան այդ դիրքը կ'առնէր, երբ անել կացութեան մատնուէր եւ այդ օրը իր կեանքին ցարդ հանդիպած ամէնանեղ կա-ցութիւնն էր: Հայրս, յանկարծ սթափած իր վիճակէն, դուրս եկաւ այդ դիրքէն, դէպի իմ կողմս նայեցաւ ու պահ մը նայուածքը սեւեռեց մատանիիս վրայ, յետոյ նայեցաւ մորս: Մայրս, իր կարգին, արցունքոտ աչքերով մէյ մը նայեցաւ մատանիիս, մէյ մը հորս եւ իսկոյն ընբռնեց կացութիւնը: Փրկութիւնը բոլորին աչքերուն առջեւ էր: Փրկութիւնը իմ մատանիս էր: Հայրս, խօսքը ինծի ուղղելով՝

— Հա, պղաս, կ'ընդունի՞ս մատանիիդ բաժանումը:

Այս խօսքերը արտասանելու ատեն, հորս դէմքին ժպիտով խառն դառնութիւն կար:

— Ինչո՞ւ չէ, հայրիկ — ըսելս ու մատանիս մատէս հանելով հորս յանձնելը մէկ եղաւ:

Ինծի համար այդ հերոսական պահ էր: Իմ ոսկէ մատանիս մեր տան փնտեսական նեղ կացութեան փրկա-րարն էր այդ օրը: Մայրս սակայն զարմացած, հարց տուաւ թէ՝

— Չե՞ս ներղանար, պղաս:

Նոյն զարմանքը կար հորս դէմքին: Անոնք կը սպասին, որ ես առնուազն առարկէի այս առաջարկին: Որեւէ նման վերաբերմունք չտեսնելով, մայրս համբուրեց երեսներս:

Հայրս իր կարգին, դարձեալ աչքերը փակեց, դէմքը

դէպի վեր, ու այս անգամ աւելի երկար մնաց այդ դիրքին մէջ...

Յաջորդ օրը հայրս մատանիս ծախեց միեւնոյն ոսկերիչին, որմէ կնքահայրս զնէր էր չորս տարի առաջ, այս անգամ աւելի բարձր գինով։ Տարիներ վերջ ոսկիի գինը բարձրացեր էր։

Ես այն օրերուն չհասկցայ թէ ինչո՞ւ հայրս փիսուր էր, երբ պէտք է ուրախ ըլլար նեղ կացութենէն փրկուելուն համար։ Կեանքը ինծի սորվեցուց տարիներ վերջ։

Աւելի քան փասը տարիներ արաբական երկրի մը մէջ ապրելէ եթք, ես ու Ռիթան, իմ կիպրահայ փիկինս եւ երկու մանչերուս մայրը, որոշեցինք փեղափոխուիլ Նիկոսիա, Կիպրոսի մայրաքաղաքը, այն համոզումով որ հոն յարմար գործ մը կը գտնեմ եւ որ զաւակներս աւելի լաւ միջավայրի մէջ կ'ապրին։ Սակայն, Կիպրոսի մէջ իմ սպասած գործս իսկոյն չգտնելով, սկզբնական տարիներուն սփիլուեցայ աշխափիլ գործարանի մը մէջ, ուր աշխատավարձը բաղդապաքար աւելի համեսփ ըլլալէ զատ, աշխատանքը աւելի բեռնակրութիւն էր, քան` աշխատանք։ Ժամանակ մը վերջ սակայն, աւելի յարմար գործ գտայ, ուր վարձատրութիւնն ալ աւելի բարձր էր։

Այդ օրերէն մէկուն, երկու փոքրիկ մանչերուս ձեռքերէն բռնած, մեր փան շրջաններու փողոցներէն կը քալէի, որպես պպոյլ։ Երբ խանութներէն մէկուն մոփէն կ'անցնէի, մանչերս մին, որ խանութի ապակեայ փեղկերուն ընդմէջէն քով քովի շարուած քաղցրաւենիները կը դիտեր, խօսքը ինծի ուղղելով ըսաւ.

— Պապա, իմ սիրտս շոքոլայ կ'ուզէ, բայց քեզմէ պիտի չխնդրեմ որ գնես, որովհեփեւ գիտեմ որ դրամ չունիս։

Ես չկրցայ որեւէ պատասխան փալ։ Իսկապէս ալ, այդ

օրը գրպանս բոլորովին դատարկ էր։ Սակայն, երբ փուն վերադարձանք, մանչերս փիկնոջս յանձնեցի, անցայ կողքի սենեակը եւ երկար լացի։ Ցիշեցի հայրս, որ երբ որոշուեցաւ ոսկէ մատանիս ծախել գէթ կարճ ժամանակ մը փան նիւթական նեղ կացութիւնը փրկելու համար, աչքերը փակած խոր մտածումի մէջ միրճուած էր...

ՍՊԱՍԱԻՈՐԸ

Տիկին Արմէնուհին մեր տան եղելի թաղը իր
ամունսնոյն եւ կրտսերագոյն դղուն հետ միասին կ'ապրէր։ Ամբողջ վեց սենեակաւնց երկյարկանի փունը, բակով միասին, իրեն կը պատկանէր։ Սենեակներէն երկուքին մէջ ուրիշ ընտանիք մը, որպէս վարձակալ կ'ապրէր։ Մնացեալ չորս սենեակները տիկին Արմէնուհիի ընտանիքին կը ծառայէին, որպէս ննջարան, հիւրասենեակ, եւայլն։ Շրջանէն ներս, շատ մը փուներու մէջ երեքէ
չորս բազմանդամ ընտանիքներ կ'ապրէին, ներառեալ փանփերերը։

Տիկին Արմէնուհին այդ փանփերը դարձեր էր այն դրամով, որ իր հայրը կրցեր էր փրկել ցեղասպանութեան ժամանակ։ Ամունսնացեր էր ցեղասպանութենէն առաջ եւ իր երեք
մանչերէն առաջինը ծներ էր Խարբերդի մէջ, իր մայրենի
հողին վրայ։ Յաջորդ երկու մանչերը ծներ էին Հալէպ։ Երեք
փղայ զաւակներն ալ արհեստով ոսկերիչ էին եւ բալական
յաջողակ։ Տարիքով երկու մեծ զաւակները իրենց անձնական
ընտանիքները կազմելով՝ հեռացեր էին հայրական փունէն եւ
երբեմն այցելութեան կուգային իրենց փիկիններուն եւ
զաւակներուն հետ։ Ես անոնց զաւակներուն հետ գնդակ կը
խաղայի։ Կրտսեր որդին, Զարեհը, ամուրի էր եւ կ'ապրէր իր
ծնողաց յարկին փակ։

Միշտ կոկիկ հագուած Տիկին Արմէնուհին, անպայման գեղեցիկ *շարֆ* մրն ալ կ'ունենար իր վիզին շուրջ։ Երբ
որ անոր հանդիպէի, ինծի կը թուէր թէ պատրաստ էր քիչ եւրք
հարսանիքի երթալու, այնքան որ գեղեցիկ կը հագուէր։ Գնումի համար խանութ չէր երթար։ Այդ պաշտօնը կը կատարէր

իր ամուսինը՝ Կարոն: Բաւարար էր բարձրաձայն կանչել զինք.

– Կարո՛:

Եւ Կարոն իսկոյն կուգար.

– Հրրը, ըսէ':

– Գնա՛ նայիմ *պապքալ* Նազարէն երկու քիլո շաքար բեր: Արա՛գ:

– Ի՞նչու երկու քիլո, մէկը չի՞ բաւեր:

– Ծո՛ քու ինչի՞դ, յիմար, գնա՛, ըսածս ըրէ':

Կարոն, այդպէս կը կանչէին զինք, առանց պարոն փիփոռոսի, եւ ան գոհ էր այս վիճակէն: Կարոն քիթին տակէն մրթմրթալով կ՚երթար ապսպրուածը բերելու:

Միշտ կը փորձէր խնայողութեամբ ծախսել, հակառակ Տիկին Արմէնուհիի բնաւորութեան, որ Խարբերդի մէջ մեծահարուստ մարդու մը մէկ հատիկ զաւակը եղած էր:

Ես ինծի միշտ հարց կուպայի, թէ ինչպէ՞ս հակառակ այս գոյգին, ուրիշ ընտանիքներու մէջ ընդհանրապէս այրերը իշխողի դերը կը կապարէին: Օր մը հարցումիս պատասխանը եկաւ փիկին Արմէնուհիի բերնէն:

Երեկոյ մը, ընտանեօք փիկին Արմէնուհիին փունը այցելութեան զացեր էինք: Սենեակին մէջ ներկայ էին փիկին Արմէնուհիին եւ Ջարեհը: Կարոն ուրիշ սենեակի մը կղպանքը նորոգելով զբաղած էր: Եկաւ մեզի բարի գալուստ մաղթեց, վերադարձաւ իր աշխատանքին ու մէյ մըն ալ մեր մօտ չեկաւ: Յետոյ հասկցանք, որ փեր եւ փիկին վիճաբաներ էին նախ քան մեր ժամանելը:

Սովորական զրոյցէ ետք, փիկին Արմէնուհիին խոհանոց գնաց սուրճ պատրաստելու: Առիթէն օգտուելով, Ջարեհը ցած ձայնով ծնողքիս պատմեց.

– Դարձեալ կռուեցան: Վիճակնիս ամէն օր այս է: Որ մէկին պաշտպանեմ, հարուստ մարդու մէկ հատիկ զաւակ եղող մօ՛րս, թէ՛ նախկին սպասաւոր հորս: Երկու քարի միջեւ մնացի: Այս կռիւներուն պատճառաւ չեմ ալ համարձակիր ամուսնանալ: Խիղճս ալ չի վերցներ, որ երթամ իմ անձնական կունս կերտեմ, որովհետեւ եթէ առանձին մնան, զիրար կր բզկտեն:

Այս ըսելով, Զարեհին աչքերէն քանի մը արցունքի կաթիլներ հոսեցան: Մինչ այդ փիկին Արմէնուհին վերադարձաւ, ձեռքին՝ սուրճի ափսէն: Սուրճը հրամցնելէ ետք քիչ մը լռութիւն փիրեց: Ներկաներուն աչքերուն նայելով, ան հասկցաւ թէ՛ սոյն նիւթի մասին խօսք եղած էր:

Երկար շունչ մը առնելէ ետք, փիկին Արմէնուհին խօսք առաւ.

«Ես ալայի մէկ հատիկ աղջիկն էի: Հորս փունը որպէս իշխանուհի կ՚ապրէի: Կարծ մեր դրան սպասաւորն էր: Թուրք ազնուական մր մեր փունը յաճախ այցելութեան կուգար: Երբ ես հասուն դառիքի հասայ, թուրք ազնուականը հորմէս խնդրեց, որ զիս իր զաւակին որպէս հարս դրայ: Հայրս չկրցաւ ուղղակի մերժել, վախնալով որ կրնար այս մերժումը վիրաւորական թուիլ թուրքին, ուստի որպէս պատրուակ, ըսաւ որ իրրեւ թէ սիրահարուեր եմ այդ Կարո ըսուած սպասաւորին եւ թէ ընդրանելական հաւաքոյթի մր ընթացքին մենք երկուքս նշանուեր էինք:

Դրութիւնը նոյն ձեւով շարունակուեցաւ աւելի քան մէկ դարի: Քանի մր ամիսը մէկ, թուրք «փեսացու»ին հայրը մեր դրան այցելութեան կուգար, կրկնելով նոյն առաջարկը ու կր սպանար միեւնոյն պատասխանը հորմէս:

*Որ մը Կարոն ներկայացաւ հորս առջեւ իր «իրա-
լունքը» պահանջելու:*

*— Աղա՛, ես մէկ տարիէ աւելի աշանուած եմ աղջկաղ
հեր: Մրածեցի որ ալ ժամանակը հասեր է մեր երկու-
քին պսակին:*

*— Այդ ի՛նչ կ'ըսես, տղաս: Դուն ո՛վ ես որ իմ մէկ հա-
տիկ աղջկաս ձեռքը կը խնդրես,— քարկութեամբ պա-
տասխանեց հայրս:*

*— Բայց դուն քանիցս յայտարարեցիր Ալի պէյին
առջեւ, որ մենք երկուքս աշանուեր ենք...*

*Կարոյին ձեռնարկած այս արարքը հորս ցնցեց
խորքէն:*

*Կողքի բազկաթոռին նստեցաւ, գրպանէն թաշկի-
նակը հանեց ու սկսաւ ճակտին հաւաքուած քրտինքի մեծ
կաթիլները սրբել: Ի՛նչ ընէր: Զիս հարուսր թուրքի՛ն
տար, թէ մեր դրան չքաւոր հայ ծառային: Յարդ երեւելի
որեւէ հայ ընդրանիքէ ալ առաջարկ մը չէր սպասած ինծի
վերաբերեալ, որ անմիջապէս դրական պատասխան
տար ու հարցը լուծէր, որովհետեւ ես դրական նոր
դրասնեոթերող տարիս թեւակոխեր էի:*

*Հայրս ակամայ որոշեց զիս կնութեան տալ Կարո-
յին: Ուրիշ երկրնդրանք չունէր: Ու այսպիսով ես կինը
եղայ այդ...»:*

Տիկին Արմէնուհին հեծկլտալով վերջացուց իր խօսքը:
Զարեհն ալ կ'արտասուէր:

Քիչ եղր մենք հրաժեշտ տալով վերադարձանք տուն:
Ճամբուն վրայ ոչ մէկը բառ մը անգամ արտասանեց:

Տխրութիւն կար մթնոլորտին մէջ: Յաջորդ օրուայ

կէսօրին, սուրճ խմելու ատեն, մայրս միայն մէկ նախա-դասութեամբ աւարտեց նախորդ իրիկուայ պատկերը։

— Ուրախութեամբ գացինք, փիսրութեամբ վերադար-ձանք...

ԾԵՐԱՆՈՑ

Շաբաթ կէսօրէ ետք էր: Ճաշի հանգիստէն ետք
կը պատրաստուէի փուռեն դուրս վազել, ըն-
կերներուս հետ գնդակ խաղալու: Այդ օրերուն,
դպրոցի դասերը իրաքանչիւր շաբաթ՝ վեց օր կը փեւէին, Եր-
կուշաբթիէն Ուրբաթ օրերը, առտուան ութէն մինչեւ երե-
կոյեան չորս ու կէս, որու միջոցին մէկ ժամ դադար կը վրուէր
մեզի, ճաշի համար: Իսկ Շաբաթ օրերը, ժամը ութէն մինչեւ
երկու, առանց դադարի: Ուստի, առանց ժամանակ կորսնցնե-
լու պէտք էր լիովի օգտուինք Շաբաթ օրուան մնացեալ
ժամերէն, մեր շատ սիրելի գնդակի խաղերը խաղալով:

Այդ միջոցին դրան թակը լսուեցաւ:

– Գնա՛, նայէ՛ ո՛վ է, փդա՛ս,– մայրս պատուիրեց:

– Լա՛ւ, մամա, դուռը կը բանամ ու եպքը դաշտ կ՛երթամ:

Դուռը բացի, որ եկուորը ներս հրաւիրեմ: Կնքամայրս
էր:

– Եկո՛ւր հեպս, Մանուկ: Ծերանոց պիտի երթանք:

Կնքամայրս՝ Լուսինը, քանի մը ամիսը մէկ ծերանոց
կ՛այցելէր, հոն ապրող ծերունիներուն քաղցրաւենիներ բաժ-
նելու համար: Կնքամայրս կը հաւապար, որ բարեխղճու-
թիւնը մարդու պարտականութիւններէն մին է: Կնքահայրս
կը հակառակէր, կը հրաժարէր քանի մը ոսկի տրամադրել
այդ նպատակին համար:

– Դուն նախս երկու երեխաներուդ հոգա՛: Ես հազիւ թէ
իրենց ապրուստը կը ճարեմ:

– Վա՛յ, որքան ժլատ եւ անսիրտ ես: Եղածը երկու ոսկի
է: Հոգիդ պիտի չդառս եա՛:

– Հիմա չունիմ, յաջորդ շաբաթ կուտամ, եթէ ունենամ:

– Ինչպէ՛ս, խօսք պիւեր եմ, պէտք է այսօր երթամ:

Այսպէս կէս ժամէ աւելի վիճաբանելէ ետք, կնքահայրս գրպանէն երկու ոսկի կը հանէր ու կուտար կնքամօրս:

– Գնա՛, ծախսէ, զաւակներդ ալ անօթի թող մնան:

Ի հարկէ կնքահայրս ո՛չ ժլատ էր, ո՛չ ալ անսիրտ:

Պարզապէս այդքան եկամուտ չունէր, որ կարողանար իր ընտանիքին ապրուստը ճարելէ ետք, շարունակաբար քանի մը լումայ բարեգործութեան համար մէկ կողմ դնէր: Այդ օրը կնքամայրս կրցեր էր կնքահօրս համոզել, որ քանի մը ծերունիներ անմիջական օգնութեան կարիքը ունին եւ այսպիսով երեք ոսկի ճարեր էր:

– Լաւ, կնքամայր, մօրս ինաց պամ եւ իսկոյն երթանք:

Շուտով ճամբայ ելանք: Ինծի հաճելի կը թուէր ծերանոց այցերը: Ծերունիներուն մեծամասնութիւնը զիս կը ճանչնային ու ես կը հրճուէի այդ համբաւէն, որ կը վայելէի իրենց մօտ: Գնդակի խաղս ալ Կիրակի օրուայ յետաձգելը խնդիր չէր:

Կնքամայրս իր հետ բերած էր զանազան ուտելիքներով լեցուն ծրար մը: Սակայն մեր ճամբուն վրայ այցելեցինք փուռ, ուր կնքամայրս նախորօք թարմ կարկանդակներ ապսպրեր էր: Երբ փուռէն ներս մտանք, փռապան Համբիկը վերջին կարկանդակները կը լեցնէր թուղթէ պոպրակի մը մէջ:

– Բերածդ խմորը քառասուն կարկանդակ պիւալ: Երկու ոսկի խնդրեմ:

Համբիկէն քիչ մը անդին գտնուող սեղանիկի մը վրայ ութէն–պասը կարկանդակներ եւս կային: Անոնք փռապանին «բաժինն» էին, զորս բոլոր փռապաններ, ըսպ անգիր համաձայնութեան յաճախորդներու եւ փռապաններու միջեւ, իրաւունք ունէին իրացնելու...

Կնքամայրս այդ գումարը վճարեց ու մեր ճամբան, շարունակեցինք: Քիչ անց արդէն ծերանոցն էինք:

Ծերանոցը միայարկանի շէնք էր, որ կը պարունակեր հսկայ սրահ մը, շէնքին ճիշդ մէջտեղը փեղաւորուած, որուն շուրջ կային խոհանոց մը եւ քանի մը փասնեակ սենեակներ: Որեւէ պահարաններ չկային սենեակներուն մէջ եւ պէտք ալ չկար պահարաններու, որովհետեւ իւրաքանչիւր ծերունի միայն մէկ կամ երկու ձեռք հագուստ ուներ...

Բնականաբար, ոչ բոլոր ծերունիները կը կարենային օգտուիլ կնքամօրս բերած ուտելիքներէն: Այդ յարկին տակ առնուազն հինգ հարիւր հոգի կ՚ապրէին: Կնքամայրս ուտեստեղէնը կը բաժներ պատահականօրէն սրահին մէջ հանդիպած ծերունիներուն, որոնք աղօթքներ կը բարձրացնէին կնքամօրս հասցէին:

— Աստուած քու սրտիդ համեմատ փայ քեզի, Լուսինս,— մռայլոտ աչքերով կ՚ըսէր մին:

— Օրհնեալ ըլլա՛ս, Լուսին,— կը մօտենար միւսը եւ կը համբուրէր կնքամօրս ճակատը:

Եւ այսպէս կը շարունակուէր մեր այցը: Թէեւ վերջին եկողներուն որեւէ ուտելիք չէր մնար, այդուհանդերձ անոնք ալ եթէ ոչ աղօթք, առնուազն բարի խօսքեր կ՚ուղղէին կնքամօրս հասցէին: Անոնցմէ ոմանք նախորդ այցի ժամանակ իրենց բաժինը սպացեր էին ու առ ի արդարութիւն, հեռուէն կը դիտէին եղելութիւնը, առանց իրենց մասնակցութեան: Հայկական հպարտութիւն...

Կնքամայրս միակ բարեգործութեամբ զբաղող անձը չէր այդ յարկէն ներս: Ես յաճախ կը հանդիպէի ուրիշ կիներու կամ այրերու, որոնք օգնութեան ձեռք կ՚երկարէին այդ ուղղութեամբ, ըլլայ ուտեսպեղէնով, հագուսպեղէնով, կամ

նոյնիսկ՝ դրամով: Անոնց մեծամասնութեան մօտ անկեղ-
ծութիւն կը փնտռէի:

Սակայն օժանդակողներու շարքին կային կարգ մը
«ապաշխարած» անձեր, որոնք կը ներկայանային որպէս
«հոգեւոր փուներու» ապաշխարած անդամներ: Այս մարդիկ
ծերանոց կ'այցելէին ծերունիները «դարձի բերելու» համար:
Ես չեմ կրնար պնդել, որ անոնք որեւէ նիւթական օգնութիւն
չէին բերեր, սակայն փասնեալ այցելութեանց ժամանակ
երբեք չեմ փեսած, որ անոնցմէ որեւէ մէկը կտոր մը հաց
բերած ըլլար ծերունիներուն: Կը պապահէր, որ ծերունիներէն
մէկը կամ միւսը այցի եկող անձանց խնդրէին, որ զիրենք
փոխադրէին սովորական ընտանիքներու փունը, ընդունելով
զիրենք որպէս այդ ընտանիքներու անդամները, քանզի
ծերանոցի կեանքը փիսուր է որեւէ մարդու համար... Այս
խնդրանքին ի պատասխան, այցելողները ընդհանրապէս կը
պապճառաբանէին, որ այդ նիւթական կարողութիւնը չունէին
առաւել անդամ մը ընդունելու իրենց փան մէջ: Ես կը հա-
ւապայի, որ այդ պապճառաբանութիւնը անկեղծ էր, որով-
հետեւ ընդհանրապէս գաղթօճախներուն մէջ հայ մարդը
կեանքը զերոյէն էր սկսած: Եւ այդպիսի խնդրանք սպացողը
փիսուր կը բաժնուէր ծերունիներէն, զգալով որ կը փափաքէր
մէկ կամ երկու ծերունիներ իր հետ փուն փանիլ, սակայն
նիւթական նեղութեան պապճառով, այդ փափաքը կը մերժէր:
Իսկ երբ ծերունի մը իր դժգոհութիւնը յայտնէր «ապաշխա-
րած» անձանց, պապասխանը նոյնն էր.

– Իսկ դուն Աստուծոյ հետ ինչպէ՞ս ես.

– Օ՛, Աստուծոյ հետ շա՛փ լաւ եմ.

– Տեսա՛ր, այդ է ամէնէն կարեւորը:

Թէ ինչպէ՞ս եւ ի՞նչ փեսակ յարաբերութիւն ունէին

ծերունիները Աստուծոյ հետ, իմ մօպս մնաց առեղծուած:

Այդ ծերունիներուն մեծամասնութիւնը մեծ եղեռնի ժամանակ կորսնցուցեր էին իրենց ընտանիքներու բոլոր անդամները, մնալով մեն մենակ: Ես կը փշաքաղուէի ամէն անգամ, որ կը մտածէի թէ այդ ծերունիներէն իւրաքանչիւրը կը ներկայացնէր ամբողջ գերդաստան մը, որուն անդամները իրենց կեանքը կորսնցուցեր էին դաժան մահով...

Աւելի՛ն: Այդ չորս հինգ հարիւր ծերունիները, որոնք կը գոյատեւէին Հալէպի ծերանոցի յարկին տակ, միայնակը չէին, որոնք կորսնցուցեր էին իրենց ամբողջ գերդաստանը:

Կար նաեւ ծերունիներու այլ խումբ մը, որուն մէջ ումանք կրցեր էին գաղթականութեան ժամանակ, իրենց ունեցած ոսկեղէն հարսպութեան մէկ մասը իրենց հետ բերել:

Այս խումբի անդամներուն մեծ մասը ունէին իրենց անձնական փունները եւ բաւական բարեկեցիկ կեանք կը վարէին: Այրերը իրենց երիտասարդ օրերուն զանազան գործերով զբաղուեր էին, ընդհանրապէս արհեստի մարգի մէջ, սակայն հիմա այլեւս ծերացեր էին եւ իրենց կեանքը կը գոյատեւէին, ժամանակ առ ժամանակ իրենց պահած ոսկեղէններր ծախելով:

Այդ ծերունիներէն մին էր Անոյշ մայրիկը: Ամուսինը արդէն հեռացեր էր կեանքէն ու ինքը միսնակ կ՚ապրէր իր երկյարկանի փան մէջ: Անոյշ մայրիկը երբեմն պարտքի դրամ կուտար կարգ մը վստահելի մտերիմներու, փոխան չնչին տոկոսի: Ժուժկալ էր, այնպէս որ այս տոկոսը մեծ մասամբ բաւարար էր իր ապրուստը հոգալու: Սակայն հագուադէպ պայմաններու ժամանակ, իր ունեցած ոսկեղէններէն որոշ քանակ մը ծախու կը հանէր:

Անոյշ մայրիկն ալ սկսեր էր տկարանալ: Երբեմն յի

շողութիւնն ալ կը կորսնցնէր։ Օր մը, երբ ընկերներուս հետ կը խաղայի այն փողոցին վրայ, ուր իր փունը կը գտնուէր, Անոյշ մայրիկը մօտեցաւ մեզի ու կարծես բան մը կ'ուզէր ըսել։ Մօտեցայ իրեն։

— Մանուկ, այդ դո՞ւն ես։

— Այո՛, Անոյշ մայրիկ, ի՞նչ կը փնտռես։

— Չիս փունս տար, փդաս։

Այդ օրը Անոյշ մայրիկը այցելութեան զացեր էր քանի մը թաղ անդին բնակող մտերիմի մը փունը։ Վերադարձին կորսնցուցեր էր ճամբան։

— Լաւ, հետեւիր ինծի, Անոյշ մայրիկ,— եւ սկսայ քալել դէպի իր փունը։

— Սպասէ՛, փդաս, վստահ այս իմ թա՞դս է։

— Այդ մայրիկ, այս է։

— Լաւ ուրեմն, դուն գնա՛, խաղա՛, ես առանձին կ'երթամ։

Եւ սկսաւ քալել ու մէկ մէկ համրել այն փուները, որոնց մօտէն կ'անցնէր։ Ութերորդ փունն էր իրը։ Այդքանը կը յիշէր, բայց կը դժուարանար ճշդելու այն թաղը, ուր իր փունը կը գտնուէր։ Ընկերներէս քիչ մը անդին կանգնած՝ սպասեցի, վստահ ըլլալու համար որ Անոյշ մայրիկը իր փունը պիտի գտնէ։ Ան փուն չհասած եւս դարձաւ ու փեսնելով որ զինքը կը դիտեմ, ձեռքով նշան ըրաւ ըսելով.

— Գնա՛, խաղա՛ փդաս, գնա՛։

Ես շուրջս դարձայ, ձեւացնելու համար թէ խաղիս կը վերադառնամ, սակայն երբ Անոյշ մայրիկը շարունակեց իր ճամբան, դարձեալ աչքերս սեւեռեցի դէպի իր կողմ, մինչեւ որ ան կանգ առաւ իր փան դրան առջեւ եւ խոշոր բանալիով դուռը բացաւ։ Նախքան ներս մտնելը անգամ մը եւս իմ կողմ դարձաւ ու փեսնելով, որ տակաւին նոյն փեղն եմ, ձեռքով նշան ըրաւ որպէս շնորհակալական խօսք:

Քանի մը շաբաթ ետք, կնքամայրս մօրս յայտնեց, որ Անոյշ մայրիկը այլեւս անկարող էր ինքզինք հոգալ: Պէտք էր ճարին նայիլ: Իսկ ճարը մէկն էր՝ ծերանոց փոխադրել: Այդպէս ալ եղաւ: Անոյշ մայրիկը փոխադրեցին ծերանոց:

Ընդհանրապէս պարիներ շարունակ անձնական տուն ապրող ծերունիները, դժգոհ կը մնային այդ կարգադրութենէն, սակայն ուրիշ ճար չկար: Իրաքանչիւր ընտանիք իր անձնական հոգերը ունէր:

Շաբաթներ անց կնքամօրս հետ այցելեցի ծերանոց:

Մտանք այն սենեակը, ուր Անոյշ մայրիկը տեղաւորուած էր ուրիշ քանի մը ծերունիներու հետ: Ոգեւորուեցաւ: Կարօտով համբուրեց կնքամօրս երեսներէն:

— Քա՛ Լուսին, զիս տունս տար: Չեմ կրնար շարունակ այսպէս մնալ:

— Քիչ մը համբերէ, Անոյշ մայրիկ: Կը վարժուիս:

Անոյշ մայրիկը չվարժուեցաւ: Շաբաթներ անց զինքը թաղեցին: Կնքամայրս, ինչպէս միշտ, այս հարցին մէջ ալ օգնականներու շարքին առաջնագիծի վրայ էր: Ամիսներ շարունակ, նախքան ծերանոց փոխադրուիլը, ան Անոյշ մայրիկին կերակրեր, լուացեր եւ զանազան աշխատանք տարեր էր, որպէս բարեսիրական պարտականութիւն:

Անոյշ մայրիկը ժառանգորդ չունէր: Մենք թաղման յաջորդող օրերուն իմացանք, որ անոր տունն ու սպացուածքը «ազգին» նուիրատրուեր էր...

Այդ օրերուն յաճախ կը լսէի մէկ կամ ուրիշ հեռաքրքիր կիներու, երբ կնքամօրս դիմելով հարց կուտային.

— Քա՛ Լուսին, այդքան օգտակար եղար Անոյշ մայրիկին, չկրցա՛ր առնուազն իր տունը իւրացնել:

– Ի՛նչ կ՚ըսես, Անի քոյրս, մե՛ղք է, Աստուծոյ սիրոյն:

Կնքամօրս մտքէն անգամ չէր անցած այդպիսի գաղափար մը: Ան հաւատարիմ էր այդ սկզբունքին, որ բարեգործութիւնը պէտք չէ կատարուի ի փոխան որեւէ շահոյթի: Սկզբունք մը, որ որդեգրեր էին մեծ թիւով հայ մարդիկ սփիւռքի զանազան գաղութներուն մէջ, որուն շնորհիւ հայը մնաց հայ ու դեռ պիտի չարունակէ մնալ...

Աստուած հոգիդ լուսաւորէ, սիրելի կնքամայր: Աստուած ձեր հոգիները լուսաւորէ, սիրելի ննջեցեալ նախնիներ:

Ձեր անձնուէր ջանքերով սփիւռքի հայերը մնացին հայ: Ձեր յիշատակը անմար մնայ:

Շարքը այդպէս ալ չի վերջանար:

Կային այլ ծերունիներ, որոնք թէեւ մինակ էին եւ նիւթական որեւէ ունեցուածքէ զուրկ, սակայն աննոք յամառօրէն կը մերժէին ծերանոց փոխադրուիլ:

Մեծամասնութեամբ կիներ էին, որոնք կորսնցնելով իրենց կողակիցները, հետեւաբար եւ իրենց ապրուստի աղբիւրը, կ՚ապրէին այս ու այն ընտանիքներուն հետ, ընդհանրապէս բակի մէջ առանձին սակաւ կահաւորուած սենեակի մը մէջ: Կը սնուէին նոյն բակին մէջ ապրող ընտանիքներու մատակարարած ուտելիքներով:

Աննցմէ մին էր Աննայիս մայրիկը: Կը բնակէր մեր բակի վեց սենեակներէն մէկուն մէջ: Կ՚ուտէր ինչ որ գտնէր: Հպարտ կին մըն էր: Փոխան իր սպացած խնամքին, ան մեծ համբերանքով կը քակէր թնճկացած դերձանի կոյտեր, զորս իրեն կը բերէին ասեղնագործութեամբ զբաղող տիկիններ եւ օրիորդներ: Մենակեաց կ՚ապրէր:

Թնճուկները քակել եւ սահուն կապոցներ կազմել ետք, Աննայիս մայրիկը փունէն կը հեռանար ու կը վերադառնար ժամեր եղբ: Երբեւն իր «յածախորդները» իրեն նաեւ կը նուիրէին քանի մը լումաներ, զորս ապին մէջ պինդ սեղմելով կը վերադառնար, մեղմ գոհունակութեան ժպիտ մը դէմքին:

Ինձի ընդհանրապէս հաճելի կը թուէր ծերունիներու ներկայութիւնը: Երբ անոնցմէ որեւէ մէկուն հանդիպէի թաղին մէջ, շուտով կը մօտենայի իր կողմը, որպէսզի անոր մէկ անոյշ խոսքը կամ ալ զգուանքը սպանայի: Քանի մը ծերունիներ, որոնք մեր ընպանիքին բարեկամներն էին, նոյնիսկ քաղցրաւենիներ կը հրամցնէին ինձի:

Բայց նոյնը չէր Անայիս մայրիկի պարագային: Ան երեխաներու հանդէպ սեր ցոյց չէր տար: Ընդհակառակը, երբ փողոցը երեխայի մը հանդիպէր, գլուխը աջ ու ձախ շարժելով, քանի մը բառ կը մրթմրթար, որպես դժգոհութիւն: Ինձի համար անհասկնալի էր անոր կեցուածքը: Առեղծուած էր, թէ ինչո՛ւ միւս ծերունիներէն կը պարբերէր Անայիս մայրիկը:

Գարնան յեպմիջօրէ մը, դաժան ձմեռ եպք արելի ջերմութենէն օգտուելու համար, վան բակը աթոռի մը վրայ նստած, դասագիրքս կը կարդայի: Ընկղմած էի ընթերցանութեան մէջ: Մէկ շաբաթէն եռամսեայ քննութիւններր պիտի սկսէին: Քիչ անց, երբ պապահմամբ գլուխս վեր բարձրացուցի, տեսայ որ Անայիս մայրիկը ինձմէ երկու ոտք անդին կեցած` ուշի ուշով զիս կը դիտէ, փոքր ժպիտ մը դէմքին:

Այդ առաջին անգամն էր, որ անոր դէմքին ժպիտ կը տեսնէի: Շատ կարճ ժամանակ մեր երկուքին աչքերը իրարու կը նայէին: Հաքիլ կրցայ փոխադարձ ժպտալ, որովհետեւ ինձի համար անսովոր բան էր զինք տեսնել ժպիտը դէմքին: Ես անոր դէմքին վրայ միայն արհամարանք տեսեր էի: Շուտով հեռացաւ, առանց բառ մը արտասանելու եւ բակի դրնէն դուրս զալով` անհետացաւ: Անոր ձեռքին նկապեցի դերձաններու ծրարը։ Ջանունք պիտի յանձնէր ու վերադառնար։

Ես մնացի նոյն աթոռին վրայ ու շարունակեցի ընթերցել այնքան ժամանակ, քանի արեւի շողերը զիս կը փայփայէին։ Սենեակս մտայ միայն երբ արեւը ինկաւ այն պատին եպել, որ կը բաժնէր մեր բակը հարեւաններու բակէն։

Արեւը մար մտնելէն շատ չանցած, ինչ-որ մէկը դուռը թակեց։ Վազեցի ու դուռը բացի։ Աննայիս մայրիկն էր, դարձեալ թեթեւ ժպիտը դէմքին։ Առանց բառ մը արտասանելու, զրպանէն հոլ մը հանեց եւ ինծի փոււաւ։

Պահ մը այդպէս սառած մնաց, յետոյ գլուխս շոյեց ու արագ քայլերով հեռանալով, մտաւ իր սենեակը։

Ես չիասկցայ թէ ուրկէ ճարեր էր այդ հոլը, ոչ ալ այդ նիւթի մասին խօսք եղաւ յետագային։ Սակայն բան մը յայտնի էր, թէ մեր երկուքին միջեւ սառնութիւնը հալեր էր։ Շուտով յանդգնութիւն ունեցայ կամաց-կամաց իր սենեակը մտնելու եւ Աննայիս մայրիկի «աշխապանքը» մօտէն դիտելու։ Երբեմն պահ մը աշխապանքը կը դադրեցնէր եւ հարցումներ կ՚ուղղեր ինծի.

— Դասերդ լաւ կը սորուի՞ս։

— Այո՛ մայրիկ։

— Է, լաւ, ապրի՛ս։

Կ՚անցներ քսան վայրկեան, ու դարձեալ՝

— Քանի՞ լեզուով են դասերը։

— Երեք լեզուով, մայրիկ։ Հայերէն, Անգլերէն, Արաբերէն։

— Հա՛, շատ լաւ։

Եւ այսպէս շարունակ, հարցումներ կ՚ուղղեր, լռութիւնը խզելու համար։ Ես սկսայ հետս դասագիրքեր փանիլ իր սենեակը, որպէսզի հարցումներուն միջեւ եղած լռութիւնը օգտագործելով դասերս սորվիմ եւ միեւնոյն ժամանակ ճանձ-րոյթս վանեմ: Հարցագրոյցը առ հասարակ ինքը կը վարէր: Միակ հարցումները, որ ես կուղղէի, հեւեւեալ ձեւի էին.

— Զուր կամ հաց կ'ուզե՞ս մայրիկ:

Կամ ալ,— ներսը մութ է, լոյսը վառե՞մ,— եւ այսպէս բաներ:

Օր մը, չեմ յիշեր ինչ դրդապատճառով, ես հարց պուի իրեն, թէ՝— Անայիս մայրիկ, ընտանիքի անդամներուդ մասին կը պատմե՞ս ինծի:

Ցնցուած, գլուխը արագ եւր քաշեց, ինչպէս որեւէ մարդ պիտի ընէր, երբ անակնկալ հարուած մը ուղղուէր իր դէմքին: Շեռքերը ծունկերուն իջեցնոց, դէմքը քիչ մը աջ դարձուց ու այդ ուղղութեամբ աչքերը պահ մը սառած մնացին: Յետոյ ժպիտ մը պատեց դէմքը, կարծես աչքերը հանդիպեցան ինչ որ անձի մը: Ապա աչքերը մերթ քիչ մը աջ, մերթ քիչ մը ձախ կը դարձնէր, կարծ ժամանակ կանգ առնելով իւրաքանչիւր ուղղութեամբ: Կարծես իւրաքանչիւր անգամ ուրիշ մարդ կը տեսնէր իր դիմաց եւ իւրաքանչիւրին մէկ-մէկ կը ժպտար: Իմ հաշուովս՝ առնուազն երկու փասնեակ անձեր փողանցեցին իր առջեւէն: Վերջին անձը տեսնելէ երբ, դէմքը արագօրէն աջ ու ձախ դարձուց, հայեացքը մէյ մը դէպի ինծի, մէյ մըն ալ այդ անձանց դարձնելով ու նկատելով, որ անոնք բոլորն ալ անհեւտացան եւ միայն ես կը գտնուէի իր դիմաց, դէմքին բարկացած արտայայտութեամբ մը ճչաց.

— Շո՛ւտ կորսուէ այստեղէն:

Ես վախցած, փեղես ցատկեցի եւ երեք ոստիւնով դռան սեմին հասնելով, վազեցի դէպի մեր սենեակը, բացագանչ-չելով.

— Մամա՛, Անայիս մայրիկը...

Մայրս եւ մեծ քոյրս զիս դրան սեմին դիմաւորեցին:

Առաջին հարցումը մայրս հարցուց, վախը դէմքին.

– Ի՞նչ կայ տղաս, ի՞նչ պատահեցաւ:

– Անայիս մայրիկը խենթացեր է: Բարկութեամբ զիս իր սենեակէն դուրս վտարեց:

– Երթամ փեսնեմ – մէջբերաւ քոյրս ու քալեց դէպի ծերունիին սենեակը:

Քիչ ետք քոյրս վերադարձաւ, պնդելով որ ամէն ինչ բնական է:

– Իր աշխատանքով կը զբաղեր, միայն թէ աշխատանքի ժամանակ քիչ մը կը մրթմրթար:

Յաջորդ քանի մը օրերուն, մեր ընտանիքէն ներս խօսակցութեան նիւթը Անայիս մայրիկն էր:

– Խե՜ղճ կին: Ցաւակները, ընտանիքի միւս կոտորուած անդամները մէկ առ մէկ աչքին առջեւէն անցեր են,– կ՚ըսեր մայրս ու քանի մը արցունքի կաթիլներ կը հոսէին աչքերէն:

Իսկ հայրս «ա՛խ» մը կը քաշեր, բայց առանց ուրիշ բառ արտասանելու, կը սկսեր հեկեկալ:

Ես մէյ մրն ալ Անայիս մայրիկին սենեակը չմտայ: Երբ բակին մէջ պապահմամբ անոր հանդիպէի, շուտով մեր սենեակը կը մտնէի: Երկար չտեւեց այս վիճակը: Շուտով ան ալ մեկնեցաւ ի վերին Երուսաղէմ, դարձեալ ծերանոցին ընդմէջէն, ինչպէս սովորաբար այլ ծերունիներ:

Մինչեւ այսօր կը յիշեմ այդ պապահարը: Կը յիշեմ այն ցաւը, որ արթնցուցի Անայիս մայրիկի սրտին մէջ: Ցաւ մը, որ միշտ վառ կը մնար, թէեւ մասամբ մարած վիճակի մէջ, իր եման ծերունիներու սրտին, մոխիրի փակ ու կը բոցավառեր, երբ ամէնապոքր հով մը կը փչեր այդ մոխիրը փարածելու եւ կրակը դարձեալ բոցավառելու:

ԽԵՆԹԵՐԸ

Մեր քաղաքը, ինչպէս ամէն քաղաք՝ ունէր նաեւ խենթեր: Տեսակաւոր էին անոնք, իւրաքանչիւրը փարբերուող յատկութիւններով: Ես պիտի յիշեմ անոնցմէ միայն մի քանին:

Անկարելի է չյիշել Այու Ային: Միջահասակ, հաստ փորով մարդ մըն էր: Ես զինք միշտ փողոցը կը տեսնէի ու չէի գիտեր, ուր կը բնակէր կամ թէ երբեւիցէ բնակարան ունէ՞ր կամ ոչ: Անոր գալուստը ես կ'իմանայի փողոցը խաղցող ընկերներէս:

– Այու Այի՛ն, Այու Այի՛ն,– կը կանչէր զինք առաջին տեսնողը: Միւսները կը կրկնէին նոյն անունը եւ ամէնքս կը վազէինք զինք դիմաւորելու մեր աղմկոտ թափը:

Ապա շրջափակի մէջ կ'առնէինք զինք ու կը սկսէինք ծափի վրայ եւ Այու Ային իսկոյն կը սկսէր պարել, ժպիտը միշտ երեսին, դէմքը շրջելով իւրաքանչիւրիս կողմը:

Թաղեցիներէն ոմանք երբեմն հացի մէջ փաթթուած ճաշ կու տային Այու Ային: Հացը ձեռքը բռնած կը շարունակէր պարել եւ կ'ուտէր, միայն երբ պարը աւարտէր: Իսկ պարը կ'աւարտէր միայն, երբ մենք, երեխաներս, կասեցընէինք մեր ծափը: Շատ անգամ դիտմամբ կ'երկարէինք ծափը, մինչեւ որ հարեւաններէն մին մեզ սաստէր.

– Կը բաւ չարչարէք խեղճ մարդը: Թո՛ղ փուէք հանգիստ ուտէ իր հացը:

Միայն այդ ժամանակ մենք կը հեռանայինք ու կը ձեռնարկէինք այլ չարաճճիութիւններու:

Այու Ային մայթի մը վրայ կը նստէր ու իրեն հրամցուած ճաշը կ'ուտէր: Թէեւ պարէն յոգնած՝ ժպիտը երբեք դեմքեն չեր հեռանար:

Երբեմն թաղեցիներէն մին հինգ դահեկան կուտար անոր: Մեպաղի կտորը անպարբերութեամբ կ'ընդունէր:

Մեպաղի կտոր կ'ըսեմ, որովհետեւ չեմ կարծեր, որ ան դրամի իմաստը կ'ըմբռնէր: Հաւանաբար քիչ անց, իր ձեռքէն կը կորսուէր մեպաղի կտորը, քանզի իրեն համար կտոր մը հացն էր կարեւորը:

Երբ կը յիշեմ Ապու Ալին, անոր անմեղ, բարի ժպիտը առաջին բանն է, որ միտքս կու գայ: Անոր մեր թաղ ժամանումը այն հազուագիւտ պատճառներէն մէկն էր, որ մեզի թոյլ կուտար կասեցնելու մեր ամէնասիրելի խաղը՝ զնդակը եւ ծափ տալու, որպէսզի Ապու Ալին պարէր:

Կրօնի դասաւանդութեան ժամանակ, մեր կրօնի ուսուցիչը, որ եկեղեցիէն ներս նաեւ որպէս ժամկոչ կը ծառայէր, երբ կը պատմէր որեւէ սուրբի մասին, եկարագրելով զայն որպէս բարի ու ժպտերես, իմ միտքս շուտով կու գար Ապու Ալին եւ կը մտածէի թէ՝ ինչու՞ անոր անունը չեր յիշուեր սուրբերու շարքին:

Կային նաեւ կարգ մը խենթեր, մեծ մասամբ կիներ, որոնք մեծ եղերնի ժամանակ որպէս երեխաներ, իրենց ընտանիքի անդամներու կոտորածին ականատես ըլլալով, մասամբ կորսնցուցեր էին իրենց մտային հաւասարակշռու֊ թիւնը եւ ընդհանրապես իրենց փունէն դուրս չէին գար: Իրենց մօտիկ անձանց դաժան մահը փեսնելով, ընդհանրապես մարդոց հանդէպ վստահութիւնը կորսնցուցեր էին: Ասոնք ողջ մնացող ընտանիքի անդամներուն հոգածութեան շնոր֊ հիւ կը գոյապրելիին: Անոնցմէ մէկը խեւ Եղիսն էր:

Ամուսնացած չեր, թէեւ բաւական գեղադեմ էր:

Ո՛ր փողամարդը «խենթ» աղջկայ ձեռքը պիտի խնդրէր:

Երբ երբեմն յանդգներ փունեն դուրս գալ, նախ գլուխը կ՛երկարեր փողոցի դուռէն դուրս եւ աջ ու ձախ կը դիտեր, տեսնելու համար թէ՛ փողոցին մէջ երեխաներ կա՛ն թէ ոչ եւ ներսէն աթոռակ մը բերելով, կը նստեր դրան առջեւ միայն այն ատեն, երբ որեւէ երեխայ չէր երեւար։ Եթէ պատահեր որ այդ միջոցին երեխաներ գտնուէին փողոցը, վերջիններր միաբերան կ՛աղաղակէին՝

– Խենթ Եղիար՛, խենթ Եղիար՛։

Խեղճը լեղապատառ գլուխը արագ մը ներս կ՛առնէր եւ դուռը ուժգին կը փակեր։ Օրերով կը մնար փունը, մինչեւ որ դարձեալ յանդգնութիւն ունենար եւ փողոց ելլելու իրաւունքը գործածէր...

Իսկ ես խենթ Յովակիմը ամէն օր կը տեսնէի, որովհետեւ անոր ընտանեկան փունը մեր թաղին վրայ կը գտնուէր։

Մօփաւորապէս քսանհինգէն երեսուն տարեկան վրամարդ մըն էր։ Տան մօտակայ փողոցներով աջ ու ձախ երերալով կը պտպեր, մօտիկ քանի մը թաղերը իրեն համար ամբողջ աշխարհը կը ներկայացնէին։

Ընդհանրապես անվնաս էր, ի բաց առեալ, երբ անցորդ մը զինք ծաղրեր կամ ալ լկտի խօսքեր արտասանէր իր հասցէին։ Եթէ իրեն ներդութիւն պապճառող անձը հեռու կը գտնուէր, ապա Յովակիմը քանի մը անհասկնալի բառեր կ՛արտասանէր ու կը հեռանար։ Իսկ եթէ մօտ ըլլար, անոր եւրեւէն կը վազեր, ձեռքերը կողմնակի բարձրացնելով, իր հաւասարակշռութիւնը պահելու համար, լարախաղացի երման, որ կը քալէ պարանի մը վրայ։ Եթէ պատահեր որ հասներ զինք ծաղրողին եւրեւէն, ան ձեռքերով միայն թեթեւ մը կը հրեր զայն ու դարձեալ կը հեռանար, համարելով որ ազդանշանը իր փեղր հասեր էր։

Ես Յովակիմի խելագարութեան պատճառը իմացայ իր իսկ մօր՝ փիւլին Պայծառի բերնէն, ընդանեօք անոնց փունը որպէս հիւրեր այցի մը ժամանակ։ Մենք հագիւ անոնց հիւրասենեակը մտանք, Տիրան քեռիս՝ (այսպէս կը կոչէին զայն թաղեցինները) Յովակիմին հայրը, աչքով նշան փուաւ իր պղուն, որ անմիջապէս ոտքի ելաւ ու լքեց սենեակը։ Տնեցինները չէին ուզեր, որ Յովակիմի ներկայութիւնը որեւէ նեղութիւն պատճառեր հիւրերուն, թէեւ ան անվնաս էր։

Այդ երեկոյի գրոյցի նիւթերէն մէկն էր Յովակիմը։ Նոյն օրուայ առաւօտեան, անցորդներէն մէկը չբաւարարուելով ծաղրանք փեղացնելէն անոր հասցէին, արազ շարժումով կից մը փուեր էր Յովակիմին, որուն հետեւանքով խեղծը գետին ինալով՝ քիթը վիրաւորեր էր։ Ես անոր քիթին վրայի փոքրիկ վէրքը նկատեր էի, նախքան ան կը լքէր սենեակը։

Երբ խօսք առաւ փիւլին Պայծառը, մօտակայ պահարանէն պապկերներու վրցակ մը հանեց, որուն մէջէն Յովակիմին փոքր երեխայ եղած ժամանակ նկարուած պապկերները զապելով, ցոյց փուաւ ծնողքիս։

— Տեսա՛ք որքան անուշիկ փղայ էր։ Դէմքը փոխուեցաւ այդ դժբախտ պապահարէն ետք...

Խօսքը չկրցաւ շարունակել։ Վերջին քանի մը բառերը հագիւ լսելի էին։ Աչքերը սրբեց, որմէ ետք սենեակին մէջ փեւեց երկար լռութիւն մը։ Ես մօտեցայ մօրս, երբ ան կը դիտէր պապկերները։ Իսկապէս ալ պապկերին մէջ երեւցող փղան շատ սիրուն էր, որ սակայն այլանդակ փեսք մը սպացեր էր յիշեալ պապահարին հետեւանքով։

Իսկ ես նշեալ դէպքին մանրամասնութիւնը իմացայ յաջորդ օրը, երբ հայրս ու մայրս ճաշէն ետք, ըստ սովորութեան, սուրճ կը խմին։

– Տե՛ս երեխային բախտը, պայմա՛ն էր այդ ժամուն ներկայ ըլլար ու փեսներ իր հօր կրակի մէջ այրիլը,– հայրս դիտարկեց:

– Դուն փե՛ս որ հայրը ազատեցաւ, կրակէն սպացած վէրքերը բուժուեցան, սակայն փդան մնաց խելագար: Ի՛նչ ալ անուշիկ փդայ մըն էր պատկերին մէջ,– աւելցուց մայրս ու երկա՛ր շունչ մը քաշեց:

Լսպ երեւոյթին, որ մը փան բակէն քարիւդէ օճախը փեղէ փեդ փոխադրելու ժամանակ, օճախը Տիրան քեռիին ձեռքէն ինկեր է եւ պայթիւն առաջացնելով, այրեր է անոր ոտքերը՝ ծունկերէն մինչեւ ոտքի մատները: Հարեւանները օգնութեան փութալով մարեր են կրակը, մին ջուր թափելով, մին լաթի կտորով մը ոտքերը ծածկելով:

Յովակիմը ականատես ըլլալով այդ զարհուրելի փեսարանին, երկար ժամանակ գիշերները արթննալով աղաղակեր էր – հայրի՛կ, հայրի՛կ, – մարմնի ջերմասփիճանն ալ օրերով բարձր մնացեր էր:

Ջինք շատ բժիշկներու փարեր էին, բայց անօգուտ: Որէ որ դէմքը այլանդակեր էր եւ ուդիդ քալելու կարողութիւնը կորսնցուցեր էր:

Յովակիմը խենթ չէր, այլ չափազանց փափկանկատութեան կարիքը ունեցող մարդ մը: Սակայն հասարակութիւնը դաժան է...

Տիրան քեռին սփիպուեցաւ իր որդին խենթանոց յանձնել, չդիմանալով այն հալածանքին, որուն գրեթէ ամէն օր կ՚ենթարկուէր խեղճ փդան: Սիրտը կը փանջուէր այս դրոշումին պապճառաւ, սակայն այս կարգադրութիւնը երկու չարեաց փոքրագոյնն էր: Յովակիմը իր մօտ մնալով, պիտի հալածուէր ամէն անգամ որ փողոց ելլէր:

Այն փարունակ ձմեռը սասփիկ ցուրտ էր։ Այնքան ցուրտ, որ անձրեւի ջուրերը երբ փունևրու ջրհորդաններէն վար կը հոսին, սառոյց կը կտրէին, սառէ կամուրջներ սպեղծելով փառիքներէն մինչեւ փողոցի մայթերը։

Թաղեցիներէն իմացանք, որ այդ օրերուն երբ խեևթանոցի պաշտօնեաները հոգեկան հիւանդներէն (ես այսպէս կ՚ուզեի անուանել զանոնք) մէկ քանին շէնքէն դուրս հաներ են, որպեսզի փայտ կտրեն վառարանի համար, անյայտ պատճառներով Յովակիմը շէնքէն դուրս մնացեր է։ Ջինքը գտեր են յաջորդ օրը՝ սառած վիճակի մէջ, փայփակոյտին մօտ։

– Խեղճս ազափեցաւ,– կ՚ըսէր Տիրան բէոֆն, երբ իրեն ցաւակցութեան կուգային թաղեցիները։

Յովակիմը ունէր եղբայր մը եւ երկու քոյրեր, երեքն ալ զեղաղեմ, ինչպէս ինքն էր նախքան վերոյիշեալ արկածի փեղի ունենալը։ Եղբայրն ու երկու քոյրերէն մին պարիքով իրմէ մեծ էին, իսկ երկրորդ քոյրը՝ իրմէ փոքր։ Մեծ քոյրը մնաց փունը։

– Ո՛վ խեևթի մը քրոջ ձեռքը պիտի խնդրէ,– կը կրկնէին ծանօթ մարդիկ։

Մինչդեռ որեւէ փրամաբանութիւն չկար այս խօսքերուն եփեւ։ Անոր եղբայրը խելագարեր էր պատահարի մը պատ-ճառով։

Եղբայրը սակայն, լաւ արհեսփաւոր երիփասարդ մըն էր, եւ ամունսացաւ ու զաւակներ ունեցաւ։

Իսկ կրփսեր քոյրն իր գոյզը գփաւ, երբ աննոք ընդան-ետք հեռաւոր թաղի մը մէջ գփնուող փուն մը փեղափոխուե-ցան Յովակիմի մահէն բաւական եփք, երբ մարդոց միփ-քերուն մէջ ամէն ինչ մոռացութեան մափնուեցաւ...

Սակայն ինծի համար ամէնէն շատ կը հետաքրքրէին կարգ մը խելագար մարդիկ, որոնց ուշադրութեան առարկան էր շոգեկառքը:

Այս խումբին անդամներէն ոմանք կը ներկայանային որպէս շոգեկառքի վարորդներ, իսկ մնացեալը՝ որպէս ճամբորդներ: Երկու խումբերն ալ սակայն, նոյն յանկերգը կը կրկնէին, կարծես ինչ որ փեղ մը համախմբուելով փորձեր կը կազմակերպէին, ինչպէս երգչախումբի մը անդամները կը կազմակերպեն: Եւ այսպէս.

– Տու–փու՛փ, փու–փու՛փ – այս յանկերգը կ'աւետէր, որ անունցմէ մին ժամանէր էր մեր փողոցը:

Այս մարդոց մէջ ինծի համար ամէնէն յիշատակելին Վահանն էր – այս անոր իսկական անունն էր: Միջին պարիքով մարդ մը, փաքատը եւ շապիկը միշտ մաքուր եւ արդուկուած, մազերը խուզուած եւ սանրուած եւ միշտ ածիլուած: Մեր թաղէն բաւական հեռու փան մը մէջ կ'ապրէր: Ան անդամն էր բարեկեցիկ ու ազնիւ ընտանիքի մը, որ լաւ հոգատարութիւն կը ցուցաբերէր անոր հանդէպ: Այս էր պատճառը որ Վահանը միշտ կոկիկ վիճակի մէջ էր:

– Թրէնը եկա՛, թրէնը եկա՛:

Պօղոսն էր: Վագելով աւետեց Վահանին ժամանումը մեր թաղ: Շուտով երեխաներու բազմութիւն մը՝ ներառեալ եւ, վակոնները կազմեցինք շոգեկառքի մը, որուն շարժիչը, ինչպէս միշտ՝ Վահանն էր: Իրաքանչիւրը ձեռքերը իր առջեւը գպնուող երեխային ուսերուն դրած՝ կը սուրայինք թաղին մէկ անկիւնէն միւսը:

– Տու–փու՛փ, փու–փու՛փ,– կանչելով կը սուրար Վահանը, իր հետ քաշելով իւրաքանչիւր վակոնը, միչեւ որ լոքոմոթիվը կանք առնէր ջրաշոգիի պակասին պապճառաւ:

Ինծի համար առեղծուած կը մնար թէ ինչո՛ւ Վահանը շողեկառքը ընտրեր էր որպէս խաղ եւ ոչ թէ այլ բան մը, օրինակ` մարդապար կառք մը, կամ ինքնաշարժ մը, կամ ալ նոյնիսկ կառքերը այն բանջարավաճառներուն, որոնք ամէն օր կարծես կը փողանցէին մեր թաղերու երկայնքին` իրենց չորիններու փքնաջան աշխատանքով:

Ես պարօրինակ կը գտնէի շողեկառքի ընտրութիւնը, մանաւանդ այն պապճառով, որ մեր թաղերը շատ հեռու էին երկաթուղագիծի կայարանէն եւ շատ հաւանաբար` այս խումբի անդամներէն որեւէ մէկը քաղաքի այդ կողմերը երբեք չէր այցելած:

Ես այս առեղծուածին գաղտնիքը իմացայ տարիներ ետք` Հայերէն լեզուի իմ ուսուցիչէս, պարոն Օննիկ Սարգիսեանէն, Պէյրութի հայկական երկրորդական վարժարանէ մը ներս` ուր ան կը դասաւանդէր:

Ապրիլ 24-ի նախօրէն էր: Ցաջորդ օրը մենք պիտի կապարէինք մէկ ու կէս միլիոն նահատակներու յիշատակի օրը: Իրաքանչիւր պարուայ նոյն օրը պարոն Սարգիսեանը կ'ընդրէր նիւթ մը, որ կապ ունէր եղեռնին հետ, եւ ինքը զգացեր էր իր իսկ մորթին վրայ: Այդ օրը ան մեզի պատմեց դրուագ մը` զոր լսեր էր իր ազգակիցներէն:

— «Տարագրութեան օրերուն, լուր մը դարածուեցաւ գաղթականներուն մէջ թէ գերմանացիները շողեկառքով պիտի գան որոշ կայարան մը, ուրկէ պիտի հաւաքեն նոյն վայրը գտնուող հայ գաղթականներն ու զիրենք պիտի փեղափոխեն ապահով վայր մը: Ուստի շատ հայեր շարժեցան դէպի այդ վայրը, դեկավարութեամբ քանի մը դարեցներու, որոնք ճամբան զիրtեին: Թէեւ շատ հաւատք չունէին նոյն լուրերու հալաապիութեան` սակայն քալեցին դէպի այդ կա- յարանը, յոյսով որ ճշմարիտ էր այդ լուրը:

«Օրեր շարունակ քալելէ ետք` հասան այդ վայրը, եւ օրեր շարունակ ալ սպասեցին շոգեկառքի գալուստը: Եւ օր մը հետուէն լուեցաւ շոգեկառքի սուլոցը: Ալ ի՞նչ ուրախութիւն, ի՞նչ ոգեւորութիւն: Կամաց-կամաց շոգեկառքը մօրեցաւ, եւ իսկապէս կանգ առաւ այն կա- յարանը, ուր ամբոխը կը սպասէր: Շոգեկառքին դու- ռերը բացուեցան, ուրկէ սկսան վար իջնել հարիւրաւոր զինուորներ` զինուած զէնքերով եւ սուրերով: Սակայն անոնք գերմանացի զինուորներ չէին, այլ` թուրք զին- ուորներ: Եւ կոտորածը սկսաւ...

Ազատեցան միայն սակաւաթիւ երեխաներ եւ կիներ, որոնց մեծ մասը չդիմանալով իրենց աշքերուն առջեւ պարզուած դեսարանին` խելագարեցան... »:

Ինծի կը թուէր թէ պարոն Սարգիսեանը պակաին ընելիքներ ունէր, բայց լռեց... Սակայն իր պատկերաd դե- սարանը շարունակուեցաւ իմ մտքիս մէջ, այս անգամ այլ դեռ` այն թաղերը ուր մանուկ հասակիս ես որպէս ականատես կը ներկանայի շոգեկառքերու գնացքներուն, գորս կը վարէին նոյն կոտորածէն ճողոպրած մարդիկ, գորս մենք անուաներ էինք խենթեր...

ԻՆՔՆԱԿՈՉ ԽՆԱՄԻՆ

Խանդավառութիւն կը փիրէր մեր փան մէջ։ Կրպսեր քոյրս՝ Արփեմիսը, որ ինձմէ երկու տարիով մեծ էր, շուրտով պիտի ամուսնանար։ Տակաւին միայն մէկ շաբաթ անցեր էր նշանտուքի արարողութենէն, սակայն պսակի արարողութիւնը պիտի կապարուէր երկու շաբաթ ետք։

Քրոջս ապագայ ամուսինը՝ Լեւոնը, ունէր իր անձնական գործը արաբական ծոցի երկիրներէն մէկուն մէջ եւ իր ներկայութիւնը իր գործին վրայ պայման էր յաջող ընթացքին համար։ Այդ էր պատճառը, որ նշանտուքն ու պսակի արարողութիւնը պէտի պիտի ունենային ընդամէնը երեք շաբթուայ մէջ, որպէսզի քեռայրս անմիջապէս հեռանար Հալէպէն ու վերադառնար այն քաղաքը ուր հիմներ էր իր գործը։ Ցեփագային, նախ մեծ եղբայրս եւ ապա՝ քանի մը տարի վերջ ես ինքս գացի նոյն քաղաքը աշխատանքի համար։ Սակայն ասոր մասին աւելի ուշ։

Այդ երեք շաբաթներուն ընթացքին, մեր փուն կ՚այցելէին թիւով ոչ սակաւ խնամիներ, որոնց կարգին էին քեռայրիս անմիջական ընտանիքի անդամները, ազգականներ եւ նոյնիսկ մօտիկ բարեկամներ ու հարեւաններ։ Ես դժուարացայ այդ բոլորին անունները միրքս պահել։ Ժամանակը կարճ էր։ Իսկ այդ խնամիներէն շատերը մեր փուն կ՚այցելէին ցերեկը, երբ ես դպրոցի յարկէն ներս կ՚ըլլայի։

Սակայն կար փարիքով կին մը՝ Եղսա մայրիկը, որ այդ միջոցին մեր փունը կ՚այցելէր ամէն երեկոյ։ Կը մասնակցէր իւրաքանչիւր խօսակցութեան, անպայման իր կարծիքը կը յայտնէր եւ մեր փունէն կը հեռանար միայն այն ատեն, երբ մեր վերջին խնամին որքի ելլեր ու հրաժեշտի պալով փունէն դուրս զար: Իսկ երբ մեր խնամիներէն որեւէ մէկը ներկայ չէր այդ երեկոյ, զրուցապրութիւնը ղեկավարողը Եղսա մայրիկն էր:

— Գիտե՛ս Հելէն, իմ հարեւանիս հարսը երեկ աղջիկ զաւակ մը ծնաւ: Տեսնես ի՞նչ անունչիկ է:

Կամ ալ՝

— Շաբաթ մը առաջ երրորս փունը այցելեցի: Երրորս դրացիին աղջիկը իր ամուսնոյն փունէն փախչեր եւ հօր փունը վերադարձեր էր: Ամուսինը զինքը ամէն օր կը ծեծէ: Իրաւունք չունի՛ փախչելու:

Եւ այսպէս ամէն օր: Խոսակցութիւնը կը շարունակուեր ընթրիքի սեղանին շուրջ: Քրոջս հարսանեկան խնճոյքէն եպք, մեր խնամիներուն այցը դանդաղօրէն պակսեցաւ: Սա բնական էր: Ամէն մարդ իր անձնական գործն ու խնդիրները ունի: Եղսա մայրիկը, սակայն, յամառօրէն շարունակեց ամէնօրեայ այցը: Կարծես այս այցերը պարտականութիւն էին իրեն համար:

Մեր փան պապուհանը փողոց կը նայէր: Մայրամու-փին՝ պապուհանին փեղկը թակելով.

— Հելէն, փո՞ւնեն էք: Հիւրեր կա՞ն ներսը:

— Ո՛չ, Եղսա քոյրիկ, հիւրեր չկան: Հրամմէ՛ ներս:

Եւ կը սկսէր նոյն յանկերգը:

— Անցեալ օրը...

Երեկոյ մը սեղանին առջեւ նստած կը սերտէի դասերս: Շուտով պարեկան քննութիւնները պիտի սկսին: Մտադիր էի մինչեւ ուշ գիշեր ընթերցել, մօտեցող քննութիւններուն լաւ արդիւնքներ սպանալու յոյսով:

Շատ չանցած, Եղսա մայրիկը արդէն ներսն էր, իր

սովորական արարողութենէն երբ... Եւ իմ փունս նպաշ, արդէն փեղեակ էի Հալէպի հայ գաղութէն ներս փեղի ունեցած բոլոր պապահարներէն եւ այս բոլորը` շնորհիւ Եղսա մայրիկի պապմածներուն: Մինչ այն օրը, ան ամէ֊նօրեայ փեղեկապուութեան պարփականութիւնը կ՚ընէր: Իմ ուշադրութիւնս մասամբ կը կեդրոնանար դասերուս, մասամբ ալ` ինքնաբերաբար Եղսա մայրիկի պապմութիւններուն: Կը մպածէի, որ եթէ իմ ուսուցիչներս սովորական հարցումներու փոխարէն հարցնէին գաղութին մէջ պապահած անցուդար֊ձերուն մասին, ապա ես աւելի լաւ արդիւնք ձեռք կը բերէի քննութեանց մէջ:

Երեկոյ մը, երբ ծնողքս ընթրիքէն ետք սուրճ կը խմէին Եղսա մայրիկին հեփ, մեր փունը այցի եկաւ մեր մօփիկ խնամիներէն մին: Հագիւ ներս մփաւ, Եղսա մայրիկը շփորթի մափնուեցաւ եւ խօսքը ուղղելով մօրս.

– Քա Հելէն, ես պէտք է երթամ: Տունը ինծի կը սպասեն, ես պէտք է շաքար գնեմ խանուութէն: Ամուսինս կ՚ուզէ թէյ խմել:

– Քիչ մըն ալ նսպէիր, իրարու ծանօթանայինք,– միջամփեց մեր խնամին:

Անոր վրայ Եղսա մայրիկը աւելի շփոթած.

– Չէ՛, երթամ, ուրիշ առթիւ կը ծանօթանանք:

Խօսքը հագիւ աւարփեց, Եղսա մայրիկը հրաժէշփ փուաւ ու դուրս նեփուեցաւ:

– Ի՞նչ էր այս փիկնոջ անունը,– մեր խնամին հարց փուաւ Եղսա մայրիկին հեռանալէն եփք:

– Բայց ես կը կարծէի թէ փիկին Եղսան ձեր ազգականը կամ բարեկամն է, պապասխանեց մայրս:

– Ո՛չ մէկը, ո՛չ ալ միւսը, փիկին Հելէն: Ես գինքը շափ անգամ ձեր փունը փեսեր եմ եւ կը կարծէի թէ`ձեր ազգականը եւ կամ բարեկամն է:

Եւ այսպէս, ի յայտ եկաւ որ Եղսա մայրիկը ո՛չ մեր ընտանիքին, ո՛չ ալ մեր խնամիին բարեկամը կամ ազգականն էր: Նոյն գիշերը երբ ծնողքս կը գրուցէին այս նիւթին շուրջ, ես լսեցի որ մայրս կ՚ըսէր.

– Միքայէլ, այս կինը ուրկէ՞ բուսաւ մեր փունը:

– Ինքնակոչ խնամի՛ն: Սպասէ ինք թող ըսէ, երբ յաջորդ անգամ մեզ այցելէ:

Երկար սպասեցինք, բայց Եղսա մայրիկը մէյ մըն ալ մեր փունը չայցելեց...

– Երեւի այլ փուն մը գտաւ, ուր նշանդրուք, հարսանիք, կամ խրախճանք կայ,– կ՚ըսէր հայրս, երբ Եղսա մայրիկին նիւթը կը բացուէր:

ՈՒՂՏԵՐՈՒ ԿԱՐԱՒԱՆԸ

– *Տեւենները* եկա՛ն, *յեւեններ*ը եկա՛ն:

Ընկերներս էին, թաղն ի վեր վազելով, կ՚աւետէին ուղ-
տերու կարաւանին գալուստը: Ամէն աշնան սկիզբը կարա-
ւանները պետրելիներու առաջնորդութեամբ կ՚այցելէին մեր
թաղամասերը, այդ հսկայ կենդանիներուն մէջքին բեռցը-
ւած գլուխ սոխերը ծախելու:

Սոխերը լեցուած կ՚ըլլային մեծ պարկերու մէջ:

Իւրաքանչիւր պարկի պարունակութիւնը շատ աւելի էր,
քան` ընտանիքի մը մէկ տարուան պէտք եղած պաշարը,
ուստի ուղտապանները պարկերը մէկ առ մէկ կը բանային,
որպէսզի իւրաքանչիւր ընտանիք գնէր այնքան, որքան պէտք
կը զգար: Ուղտապաններն ունէին հռոմէական կշիռք, որով կը
կշռէին ծախուած սոխերը եւ կը հաշուէին ապրանքին գինը:

Կարաւանը իւրաքանչիւր թաղ միայն մէկ պտեղ
կանգ կ՚առնէր: Պէտք ալ չէին զգար իրենց ժամանելու ծանու-
ցումը ընելու: Այդ պարտականութիւնը թաղի երեխաններու
ուսին վրայ կը մնար: Թաղեցիները հազիւ լսէին երեխաներու
աւետը, ձեռքերնին կրաւէ պարկերը շալկած արագ քայլերով
կը շպապէին դեպի կարաւանը եւ կը սկսէր սոխի վաճառքը:
Այս գործընթացը նման էր տեսակ մը ձիսակատարութեան:

Մինչ ծնողները զբաղած կ՚ըլլային սոխի գնման գոր-
ծրնթացով, մենք` երեխաներս, կը սկսէինք մեր արարողու-
թիւնը: Այդ օրուան կը սպասէինք ամբողջ տարի մը, ուստի
ժամանակ պէտք չէր կորսնցնէինք:

Ուղտապանները ընդհանրապէս ուղտերուն թոյլ չէին

վար որ վաճառքի ապրեն նախին: Ասա երկու նպատակ ունէր: Առաջինն այն էր, որ հազիւ վաճառքը աւարտեր, կարաւանը պէտք է մեկներ այլ թաղեր, քանի վաճառին ապրանք կար ծախելու եւ ժամանակի առումով ձեռնտու չէր աննից նախիլ թոյլատրել: Երկրորդն այն էր, որ ուղտերը յամառ են եւ հաւանականութիւն կար, որ աննցմէ մին կամ աւելին մերժին նպատած դիրքէն ոտքի ելլել: Ահա այս իրողութիւնը պատանիներուն ու նաեւ որոշ խիզախ երեխաներուն առիթ կ'ընծայէր չարաճճի խաղեր կազմակերպելու:

Խաղերը յաջորդականութեամբ չին ընթանար, այլ բոլորը միապետ: Այսպես, օրինակ, պատանիներէն մին ներկաներուն ասպարէզ կը կարդար, ըսելով որ ինքը կարող էր ուղտերուն վրայ կայնած ուղտի մը փակէն մէկ կողմէն միւսը աննցնիլ: Ի պատասխան պատանիին խիզախ յայտարարութեան, ներկաները կը բացագանչէին.

— Չես կրնար:

— Վախկոտ ես:

— Քեզմէ այդպիսի քաջութիւն չենք սպասեր:

Այս արտայայտութիւններուն նպատակը աննշուշտ պատանիին հրահիրէն էր, որպէսզի իր յայտարարած քաջութիւնը գործով ապացուցեր: Պատանին վարանելով, քայլ մը առաջ ու քայլ մը ետ առնելով, վերջապես արագ ոստոյններով կ'աննցներ ուղտին փակէն ու ձեռքերը յաղթականորէն վեր բարձրացնելով՝

— Տեսա՞ք, ահա աննցայ, վախկոտը դուք էք:

Ասոր վրայ այլ պատանիներ, եւ պղաններ եւ աղջիկներ, կը կրկնէին նոյն սիրաննքը եւ թաղը կը վերածուէր փեսակ մը բացօթեայ կրկեսի:

Այս խաղը սակայն, որքան ալ պարզ թուի չապերու

համար, սակայն անվրանգ չէր: Կային երկու փարբեր փեսակի խոջընդոպներ:

Ուղրը, ինչպէս գիտենք, յամառ կենդանի մըն է:

Հաւանականութիւն կար, որ ան որեւէ վայրկեան որոշեր նստիլ եւ նստած մնալ այնքան ժամանակ, որ ինքը կամենար: Եթէ պապահէր, որ ուղրը որոշեր նստիլ ճիշդ այն պահուն, երբ պապանի մը անոր փակէն կ'անցնէր, ապա միայն կրնամ երեւակայել այդ պապանիին վիճակը ուղրի ծանր մարմինի ճնշման տակ: Սա երկու վպանգներէն մեծագոյնն էր:

Գանք երկրորդ խոջընդոպին, որ աւելի ծիծաղաշարժ էր, քան՝ վպանգաւոր:

Ուղրը յարաբերաբար աւելի կը դիմանայ ծարաւին, քան այլ կենդանիներ: Մեր թաղամասը հասնող ուղփերը հաւանաբար վերջին անգամ ջուր խմած կ'ըլլային նախքան իրենց ապրած վայրէն ճամբայ ելլելը, այնպէս որ արդէն ծարաւցած կ'ըլլային, երբ մեր թաղերը մուտք կը գործէին: Խղճամիտ թաղեցիներէն ոմանք, հագիւ եկապէին «անապապի նաւ»երուն ժամանումը, դոյլերով ջուր կը փեղաւորէին անոնց առջեւ: Դապարկուած դոյլերը դարձեալ կը լեցուէին ջուրով, մինչեւ վերջին ուղրը յագեցած ըլլար ու հրաժարէր խմել: Այդ ժամանակ է որ ջուրէն յագեցած ուղփերը մէկ առ մէկ կ'արձագանգէին բնութեան կոչին... Ուսփի պապանիները պարպ էին նաեւ այս հանգամանքը հաշուի առնել, իւրաքանչիւր անգամ որ իրենց արկածախնդրական արշաւանքները կազմակերպէին: Մինչ պապանիները արագ շարժումով կ'անցնէին ուղփերու փակէն, ինծի կը թուէր թէ անոնք կ'անցնէին հին ու մաշած բարձր կամարի մը փակէն, որ որեւէ վայրկեան կրնար փուլ գալ, կամ ալ կամարին վրայ կանգնած ինչ որ մէկը կրնար պղպող ջուր թափել այդ կամարին փակէն անցնող էակներուն վրայ:

Որեւէ անգամ չպատահեցաւ, որ ուղտերէն մին որոշեր նստիլ ճիշդ այն պահուն, երբ պապանի մը անցներ անոր փակէն: Սակայն պատահեցաւ, որ պապանիներէն մին հազիւ իր մարմինին մեծ մասով անցեր էր «կամուրջին» փակէն, «պղպող» ջուրը թափուեցաւ անոր ողքերէն մէկուն կրունկին վրայ: Իսկոյն ծաղր ու ծանակը սկսաւ:

– Հէ հէ հէէէէ, անձրեւ կը փեղա՛յ:

– Այդքան ալ արագ չե՛ս, գնա՛ վազել սորվիր:

– Վազէ՛ ծովը նետուիր, որ մաքրուիս:

Խեղճ փղան եղնիկի արագութեամբ վազեց փուն լուացուելու համար: Սակայն չկրցաւ վերադառնալ խաղին: Լուացուելէ երբ հազիւ փողոցի դուռէն դուրս ելաւ, ծաղր ու ծանակը վերսկսաւ, այս անգամ ծափերու հետ միաթեն: Երբ քանի մը անգամ եւս փորձեց դուրս գալ, աղաղակներն ու ծափերը աւելի սաստկացան:

Սպիպուած, պապանին մնաց իր փունը, այն յոյսով որ յաջորդ փարի ալ աւելի կորովով պիտի մասնակցեր խաղերուն:

Կար երրորդ փեսակի խաղ մը, որ ինծի երկար ժամանակ խիղճի խայթ պապճառեց:

Իւրաքանչիւր անգամ, որ ուղտապաններն նոր պարկ մը բանային, որպէսզի պարունակութիւնը ծախեն, քանի մը գլուխս սոխ անպայման պարկէն դուրս գլորելով կ'իյնային գետին: Եթէ սոխերը հասանելի ըլլային ուղտերուն, անոնք անմիջապէս իրենց երկար վիզերը դէպի սոխերը շարժելով, կը յափշտակէին եւ մեծ ախորժակով կ'ուտէին:

Իսկ եթէ սոխերը աւելի հեռու փեղ իյնային, ուղփասպանը իր ուքով զանոնք կենդանիներուն առջեւ կը մօպեցնէր:

Այս պարագային, ուղտը նախ ակնարկ մը կը նետէր
ուղտապանին վրայ եւ ապա կ՚ուտէր սնխերը, կարծես
շնորհակալութիւն յայտնելով իր փիրոջ, այս նուէրին համար:

Երբեմն կը պապահէր, որ պեփելին զբաղած ըլլար
առուծախի գործընթացով եւ գետին գլորած սնխերը ուղփերուն անհասանելի ըլլային: Այդ ժամանակ ներկաներէն
մին կը սպանձնէր այդ պարտականութիւնը, որուն փոխարէն
պեփելին գլխու շարժումով իր շնորհակալութիւնը կը յայտնէր
բարի կամեցողին, վերջինին արարքին համար:

Անգամ մը այնպես պապահեցաւ, որ «բարի կամեցողներէն» մին՝ Սահակը, ուղպապանին զբաղած վիճակի մէջ
ըլլալու առիթէն օգտուելով, փոխանակ գետին ինկած սնխերը
ուքով ուղփին առջեւ հրելու, արագ շարժումով գեփնէն
հաւաքեց զանոնք եւ վազելով մփաւ իր փան բակէն ներս, որ
այդ վայրէն շափ մօփ կը գփնուէր:

Շափ չանցած վերադարձաւ, սնխերը իր ափերուն մէջ
բռնած ու մօփեցաւ ուղփերէն մէկուն: Ներկայ գփնուող
պապանիներէն մին՝ Այփան, որ ճանչցուած էր որպես մեր
թաղի ամէնէն բարի աղջիկը, խօսքը ուղղելով պապանիին՝

– Ո՛չ, Սահա՛կ, այդպես բան չընես, մե՛ղք է:

– Տո՛ր սնխը թող ուփէ, քիչ մը խնդանք,– մէկ այլ հանդիսապես ըսաւ ծիծաղով:

– Կենդանիին ի՞նչ պիփի հասկնայ, փո՛ւր թող ուփէ,–
միջամփեց այլ պապանուհի մը:

– Մեղքը վզիդ,– առարկեց Այփան ու հեռացաւ:

Երեւի չէր կամենար դիտել այն փեսարանը, որ շուփով
պիփի պարզուէր մեր աչքերուն առաջ:

Աապ Սահակը իր ափերուն մէջ գտնուող քանի մը գլուխ սոխերը նետեց ուղտերէն մէկուն առջեւ ու կենդանին զանոնք իր շրթունքներով վերցուց եւ սկսաւ մեծ ախորժակով ուտել։ Քիչ անց ուղտին բերնէն քանի մը կաթիլ արիւն հոսեցաւ։ Հետզհետէ կաթիլները շատցան եւ գետին թափելով՝ կարծես քարփս մը գծեցին։

Ջուարճութեան աղաղակներ, ծափեր, ծիծաղի բացագանչութիւններ, ցատկռտուք, զիրար յածորդեցին։

Սակայն կային նաեւ զգուանքի աղաղակներ, զորս կուզային այս արարքէն դժգոհներէն։ Սահակն իր «խաղը» պատրաստ էր շարունակելու, եթէ թաղեցի կիներէն մին չմիջամտեր, սասպելով թէ՝ Սահակին եւ թէ՝ վերջինին քաջալերողներուն։ Իսկ բարի պեպելին, երբ նկատեց ուղտի բերնէն հոսող արիւնը, մօտեցաւ ներկաներուն եւ ափերը դէպի երկինք բարձրացնելով՝

– *Հարա՛մ, հարա՛մ եաս աուլար* – (մե՛ղք է, մե՛ղք է վղա՛յ)։

Ես եպքէն իմացայ, որ Սահակը սոխի գլուխներն իր փուն փարեր եւ անոնց մէջը զնդասեղներ փեղաւորեր է։

Այդ էր պապճառը, որ ուղտին բերնէն արիւն կը հոսէր։ Ես այդ օրը ճաշի սեղանին չնստեցայ։ Միայն երեկոյեան քիչ մը հաց ու պանիր կերայ, երբ շատ սոված զգացի։ Այդ օրը միտքիս մէջ երկու պատկերներ իրարու եպեւէն կը փողանցէին։ Պատկերներէն մին, բնականաբար, ուղտերուն վերոյիշեալ փեսարանն էր։ Երկրորդը՝ պեպելիին պաղապանքը, որ կասեցուլ իր ամէնաթանկ հարապրութեան՝ ուղպին դէմ կապարուած արարքը, առանց որեւէ պապժամիջոցի, նոյնիսկ՝ առանց պապժամիջոցի փողծի մը...

Ես յաւիտեանս երախտապարտ եմ քեզի, բարի պեպելի։

Դուն եւ քեզի նմանները մեզ կերակրեցիք եւ մեզ ընդունեցիք որպէս հաւասար քաղաքացիներ, երբ մենք ձեր երկիրը հասանք ոտաբոպիկ, սոված, եւ ծարաւ...

Իմ խիղճս քիչ մը հանդարտեցաւ ուղտերուն կրած վէրքերուն վերաբերեալ, երբ փարիններ ետք Տուպայ մեկնեցայ աշխատանքի համար: Ես զարմանքով իմացայ, որ Տուպայի եւ շրջակայքի այլ քաղաքներուն մէջ ուղտերուն ընկոյզ եւ արմաւ կը կերակրէին: Երբ քաղաքի արուարձաններէն ինքնաշարժով անցած ատեն, աւազներուն վրայէն ընթացող ուղտեր փեսնէի, կարճ ժամանակուայ համար կը կասեցնէի ընթացքս, միայն դիտելու համար առողջ կենդանիները:

Կար վերջին արարողութիւն մը ուղտի կարաւանին հետ կապուած: Այդ էր՝ մանր սոխերը խորովելու արարողութիւնը:

Անգիր համաձայնութիւն մը կար ուղտապաններուն եւ երեխաներուն միջեւ, որուն համաձայն՝ վերջինները իրաւասութիւն ունէին պարկերուն մէջէն մանրագոյն գլուխ սոխերը անվճար վերցնելու, զանոնք խորովելու համար: Հազիւ նոր պարկ մը բացուէր, երեխաներէն մէկ քանին մանր սոխերը կը զատէին ու կը լեցնէին իրենց հետ բերած ամաններուն մէջ: Քիչ անց, արդէն խորովուած սոխերուն բոյրը դուրս կուզար փողոցի դռներէն եւ կ'ողողէր ամբողջ փողոցը: Ապա այս արարողութեան «հերոսները» իրենց փուներէն հպարտօրէն դուրս կուզային, իրենց ձեռքերուն շամփուրներ բռնած, որոնց վրայ շարուած էին խորովուած սոխերը: Սովորութիւն էր, որ թաղի բոլոր երեխաները ճաշակէին այդ խորովածէն: Կարծես փեսակ մը ծես էր, որ կը կրկնուէր ամէն անգամ, երբ կարաւանը կը յայտնուէր մեր թաղերը: Երելի նման հիասալուրց սովորութիւն մը գոյութիւն ունէր մեր նախնիներուն մէջ եւ կը դրսեւորուէր, երբ որ յարմար առիթ կ՚ընծայուէր...

Ես կ՚աղօթեմ եւ կը յուսամ, որ հայ ազգը վերապրի այդ փառքը իր մայրենի հողին վրայ:

ԲԱԽՏԱԽԱՂԻ ՏՈՄՍԸ

Ամռան արձակուրդ էր: Կնքահօրս կօշկակարի խանութէն ներս որպէս աշկերտ կը ծառայէի: Ութ տարեկան էի:

Խանութը հազիւ ութ քառակուսի մեթր պարածութիւն ունէր: Պատուհան չունէր, այլ միայն մայթին կողմը նայող դուռ մը ունէր, ուրկէ միաժամանակ հազիւ անձ մը կրնար անցնիլ: Կէսօրէ երբերը խանութին դիմացը գտնուող լայն մայթը շէնքին շուքով կը ծածկուէր: Այդ ժամանակ կնքահայրս իր «գործատեղին» այդ մայթին վրայ կը փոխադրէր: Փոքրիկ սեղանի մը վրայ անմիջականօրէն անհրաժէշտ գործիքները կը շարէր՝ մուրճ, գամեր, չիրիշ (շրեշ) կոչուող կաշիի յապուկ խէժ, եւայլն, եւ ինքը ցած աթոռի մը վրայ նստելով կ'աշխատէր: Ես այդ իրերու փոխադրութեան գործրնթացին կը մասնակցէի, ապա քանի մը աթոռներ եւս դուրս կը բերէի ու կը շարէի մայթին վրայ, խանութի պատին շապ մօտ: Բաւական լայն անցք մըն ալ կը մնար մայթին վրայ, որով անցորդները քալելով կ'երթեւեկէին: Երբեմն կնքահայրս իր դուրս բերած բոլոր գամերը կը գործածէր եւ գործը շարունակելու համար կը դիմէր ինծի.

— Մանո՛ւկ, ներսէն քիչ մը գամ բեր:

Ես շուտով մեղպադեայ ամանը ներս կը փանէի, մեծ գամի պարկէն ափ մը կամ երկու՝ գամ կը լեցնէի ամանին մէջ, եւ դուրս գալով զայն կը զետեղէի սեղանին վրայ:

Երբեմն ալ կը պատահէր, որ կնքահայրս նախապէս շուրով լեցուն մեծ ամանի մէջ քանի մը կտոր հաստ կաշիներ զետեղած կ'ըլլար, որպէսզի անոնք կակղին եւ կարողանար զանոնք գործածել, որպէս իր կարած կօշիկներուն ներբանները: Երբ հերթը կը հասնէր այդ գործընթացին, կնքահայրս դարձեալ ինծի կը դիմէր.

— Մանո՛ւկ, կաշինները հանէ ջուրէն եւ մօպս բեր:

Ես իսկոյն կը կատարէի կնքահորս հրահանգը:

Անոր եմա՛ն աշխատանք էր պարտականութիւնս: Ես ճիգ չէի ըներ կօշկակարի արհեստին փիրապեռելու, իսկ կնքահայրս ալ ինծի չէր սպիսեր, որ իւրացնէի այդ արհեստը:

Կնքահայրս ունէր բարեկամներ, որոնցմէ ոմանք առաւoտները աշխատանքի երթալու ապեն եւ երեկոները աշխատանքէն տուն վերադառնալու պահուն, կնքահորս խանութին առջեւէն կ'անցնէին: Կնքահորս խանութը կը գտնուէր այդ մարդկանց աշխատապտեղիներուն եւ տուներուն միջեւ, այնպես որ երբ երեկոները իրենց աշխատանքէն կ'արձակուէին, անպայման բարեւ կուտային կնքահորս: Ոմանք կը նստէին այն աթոռներէն մէկուն վրայ, զորս ես շարած կ'ըլլայի խանութին առջեւ:

Կնքահայրս իր ուշադրութիւնը աշխատանքին վրայ կեղրոնացուցած ըլլալով հանդերձ, միեւնոյն ժամանակ կը զրուցէր իր բարեկամներուն հետ: Ես շուկայի մասին բոլոր լուրերը այդ այցելուներէն կ'իմանայի:

— Գիտե՛ս, Գէորգ, Ասապուրը այս օրերուն անգործ է: Անոր վարպետը զինք գործէն վտարեր է, առանց մէկ ոսկի անգամ վճարելու իր նախորդ ամսականէն,— կ'ըսէր մին:

— Է՛, չեմ զարմանար: Ասապուրը շաբաթը հազիւ մէկ աթոռ կ'արտադրէր այդ ապադձագործի խանութէն ներս: Գործապտերը ի՞նչ պիտի շահէր մէկ աթոռի արտադրութենէն, որ շաբթական մըն ալ իր աշկերտին տար,— կը պատասխանէր կնքահայրս:

Մէկ այլ բարեկամ, թէ՛

— Իմացա՛ր, Գէորգ, Թովմասը իր նշանածէն բաժնուեր է։ Նշանածը կը պնդէ, թէ ինք զափ փան մէջ կ'ուզէ ապրիլ։ Թովմասն ալ կը պնդէ, որ ինքը իր ծերունի ծնողքը եւ կրպսեր քոյրը չի կրնար փողոց նետել։ Ինքը այդ երեքին ապրուստը կը հոգայ։

— Աստուա՛ծ իմ, ի՞նչ օրերու հասանք։ Խղճմտանք չունի՞ այդ աղջիկը։ Անոնց հարեւանին աղջիկը՝ Անգինէն, շատ աւելի յարմար է Թովմասին։ Բարի եւ քիչով գոհացող աղջիկ մըն է։ Թող անոր հետ ամուսնանայ,— կ'ակնարկեր կնքահայրս։

Եւ այսպէս այցելութիւնները կը շարունակուէին ,մինչեւ որ կնքահայրս վերջ փար այդ օրուան աշխատանքին եւ մենք երկուքս միասին աթոռներն ու գործիքները ներս կը փոխադրէինք ու կը փակէինք խանութը։

Երբեմն կը պատահէր, որ կնքահայրս եւ այցելուները ուրախ վրամադրութեան մէջ կ'ըլլային։ Մանաւանդ շաբաթավերջին, երբ այդ այցելուները իրենց շաբթուայ աշխատավարձը սպացած կ'ըլլային։ Այդ օրերուն խանդավառութիւն կը փիրեր բոլորին մօտ։ Այդ ժամանակ կնքահայրս կը դադրեցներ իր աշխատանքը, կը մտներ իր խանութը եւ ցուցափեղկին մէջ զետեղուած *ակորդիոն*ներէն մին դուրս կը բերեր ու կը սկսեր նուագել։ Երթեւեկողներէն շատերը կանգ կ'առնէին եւ քանի մը վայրկեան կնքահօրս նուագած երաժշտութիւնը լսելէ երբ, կը հեռանային, ժպիտը իրենց դէմ դէմքերուն։

Այս բոլոր մօտիկ բարեկամներէն զատ, կային ճանչունրներ, որոնք խանութին առջեւէն անցած ժամանակ, բարեւներ կը փոխանակէին կնքահօրս հետ։

Այդ մարդիկ սովորութիւն չունէին խանութին առջեւ

շարուած աթոռներուն վրայ նստելու եւ խօսակցելու կնքահօրս հետ։ Առհասարակ այդ շրջանին մէջ ապրող բոլոր մարդիկ, անոնք ըլլան հայեր կամ արաբներ, բարեւներ կը փոխանակէին կնքահօրս հետ։ Ոմանք նոյնիսկ կը դիմէին կնքահօրս, թէ՝

— Պարոն Գէորգ, քիչ մը *ակորդիոն* չունագե՞ս։

— Հիմա գործ ունիմ, ուրիշ ժամանակ,— կը պատասխանէր կնքահայրս ժպտալով։

Կնքահօրս խանութի մէկ կողմը կային երկու այլ խանութներ, մին՝ սափրչատուն էր, միւսն ալ վաճառատուն, ուր կը ծախուէին փնային զանազան պիտոյքներ։ Վերջինիս ճիշդ եզերքէն ուղղահայեաց կ'երկարէր նեղ թաղ մը, որու մէկ կողմի երկայնքին կային բակով տուներ, ինչպէս նաեւ փուռ մը, քանի մը նպարավաճառներ ու դերձակատուն մը։ Միւս կողմը կար խանութ մը, որուն փերը հեծանիւներ կը նորոգէր։

Այդ նեղ թաղին մէջ կը բնակէին նաեւ միջին տարիքով զոյգ մը, Արսէնն ու Գեղանոյշը, իրենց հինգ երեխաներուն հետ միասին։ Ամէնամեծ երեխան եօթ տարեկան էր, իսկ կրտսերագոյնը տակաւին իր մօր գիրկն էր։

Արսէնը յայտուկ արհեստ մը չունէր, կ'աշխատէր ուր որ աշխատանք գտնէր, եւ իր ընտանիքի ապրուստը հազիւ թէ կը ճարէր։ Հարեւանները միշտ օգնութեան կը հասնէին։

Կնքահօրս խանութին առջեւէն անցնելուն, հազիւ մէկ երկու բառ կը փոխանակէր։ Ժամանակ չունէր։ Միշտ գործի վրայ էր, երեխաներուն պէտք եղած սնունդի ետեւէն կը վազէր։

Երբ որ Արսէնը փեսնէի, կ'երեւակայէի որ ան կարծես ուրքով կը վազէր սլացող ճիու մը ետեւէն, որուն վրայ բեռցուած էր իր երեխաներուն սնունդը, բայց ան երբեք չէր հասներ այդ ճիուն...

Կէսօրէ ետք էր: Շուքը նոր ծածկեր էր խանութի դի-
մացի մայթը: Սովորականին պէս ես աթոռներն ու գործիք-
ները խանութին դռան առջեւ շարեցի: Կնքահայրս սկսաւ իր
աշխատանքը: Մէկ կողմէն կը դիտէի աշխատանքը, միւս
կողմէն ալ կը դիտէի մայր պողոտայի անցորդները, ինք-
նաշարժները, յարակից նեղ փողոց մտնող եւ նոյն փողոցէն
դուրս եկող մարդոց: Մէյ մըն ալ այդ փողոցէն վազելով դուրս
եկաւ Արսէնը եւ կանգ առաւ մայթին եզերքը: Աչ ձեռքին կար
ինչ որ թուղթի կտոր մը, զոր ան վեր կը բարձրացնէր օդին մէջ
շարժելով: Իսկ ծախս ձեռքով նշան կուտար, որ թաքսիի
վարորդ մը կանգ առնէ:

Վարորդ մը ճիշդ իր մօտ կանգ առաւ: Արսէնը մօտե-
ցաւ ինքնաշարժի պատուհանին եւ ինծի ոչ լսելի քանի մը
բառ արտասանեց: Վարորդը գլուխը շարժելով այնպիսի
արագ հեռացաւ, որ ես վախցայ թէ իր առջեւէն հեծանիւ քը-
շող խեղճ մարդու մը վրայէն անցնէր: Թաքսիի վարորդը
արագ հեռանալու ժամանակ, ինչ որ քանի մը բարկութեան
խօսքեր արտասանեց: Միայն մէկ բառ լսելի եղաւ ինծի,
որովհետեւ այդ բառը աւելի բարձրաձայն կ՚արտասանէր:

– *Եա մաճնուՖ* (ով խե՚նթ):

Կնքահայրս խօսքը ինծի ուղղելով՝

– Մանուկ, գնա՛ մօտէն տես թէ ի՞նչ կը պատահի:

Վազելով մօտեցայ Արսէնին եւ որոշ հեռաւորութեան
վրայ կանգ առի, փեսնելու թէ ի՞նչ կը պատահի: Արսէնը
նոյն գործողութիւնը կրկնեց: Կանգ առաւ մէկ այլ վարորդ, որ
հայ էր: Այս անգամ ինծի լսելի էր խօսքերուն փոխանակումը:
Արսէնը իր ձեռքի թուղթին կտորը, որ եղրքէն հասկցայ թէ
բախտաթուղթի կտրոն մըն էր, ցոյց տուաւ վարորդին, ու
դողդողացին ձայնով ըսաւ:

– Բարեկամ, ես ամէնամեծ գումարը շահեցայ:

Դրամ չունիմ որ քեզի տամ: Ինծի բախտաթուղթի ընկերութեան գրասենեակը տար, դրամներս առնեմ եւ յետոյ սովորական սակէն աւելի կը վճարեմ:

– Ծո՛, դուն խե՞նթ ես: Ուրիշ գործ չունիս, որ մարդոց վրայ կը խնդաս:

– Բայց ես, բայց ես – Արսէնը իր խօսքը չաւարտած՝ վարորդը հեռացաւ:

Այսպէս որին երկու վարորդներ եաս, մին՝ հայ, իսկ միւսը արաբ: Երկուքն ալ կը կարծէին, որ խեղճ մարդը խելագար էր: Վերջապէս կանգ առաւ հինգերորդ վարորդը:

Խարիսլած ինքնաշարժ մը ուներ: Ես կը մտածեի, որ եթէ որպէս յաճախորդ նստեի այդ թաքսիին մէջ, հաւանաբար ճամբուն վրայ դռներէն մէկը ինքնաշարժէն զատուէր եւ ինար ճամբուն վրայ, կամ առասպահը բացուէր եւ արեւի ճառագայթներէն գլուխս ճաթէր: Վարորդն ալ ծիծաղելի դէմք մը ուներ, ժպիտը մշտական դէմքին, սակայն բարի սրտի տէր մարդ էր, ինչպէս շուտով պարզուեցաւ:

– Ուրեմն մեծկակ դրամ շահեցար, հա՞: Տոմսը գներ ես, բայց գրպանդ պարապ է: Ինչպէ՞ս կը պատահի այս:

– Բարեկամ, հինգ ամիս է որ ես կը խնայեմ, մինչեւ որ տոմսի գումարը ճարեցի: Այժմ շահեր եմ: Ինծի պիտի օգնե՞ս, թէ՞ ոչ:

– Լա՛, նստի՛ր: Պտոյտ մը ընենք եւ վերադառնանք: Շատ մեծ վնաս չեմ ըներ:

Յապակ էր, որ վարորդը չէր հաւատար Արսէնին խօսքերուն, սակայն ընդառաջեց անոր խնդրանքին:

Արսէնը ինքնաշարժէն ներս ներուեցաւ եւ երկուքը միասին ճամբայ ելան: Ես միայն այդ ժամանակ նկատեցի, որ խումբ մը մարդիկ նոյն վայրին մէջ էին եւ կը հետեւէին իրադարձութեան: Վերադարձայ կնքահայրիս մօտ եւ անոր պատմեցի լաւծները:

– Կարելի՛ է: Երանի՛ իսկապէս շահած ըլլայ խեղճ մարդը: Թող իր երեխաները ուտեն, մի*ցեւ կշտանան:

Բայց դուն վստա՞հ ես որ ճիշդ լսեցիր:

– Այո՛, կնքահայր, վստահ եմ:

– Է, սպասէ՛ տեսնենք:

Անցաւ մէկ ժամ: Կնքահայրս մերթ ընդ մերթ հայեացքը կ'ուղղէր պողոտային այն կողմը, ուրկէ կը սպասուէին վարորդն ու Արսէնը: Քանի մը անգործ մարդիկ, որոնք ականապէս էին ամբողջ եղելութեան, իրարու հետ խօսակցելով նոյնպէս կը սպասէին մայթին վրայ: Տեղացի արաբ սափրիչին աշկերտը, հաւանաբար իր վարպետին հրահանգով, երբեմն գլուխը խանութի դռնէն դուրս կ'երկարէր, ականրկ մը նետելու համար ճամբուն վրայ, ապա կը վերադառնար ներս: Խանութին ներսէն լսելի էր աշկերտին ձայնը, որ կ'ըսէր.

– *Լրասա՛ մա ռա՛ա* (փակաւ՞ին չեկաւ):

– *Ո՛ւ, սարյո՛ սա՛ա ռայէ՛ի* (Ո՛չ, մէկ ժամ անցաւ երթալուն),– կը պապասխանէր վարպետը, որ կարծես ինքն էր որ շահեր էր բախտախաղը եւ կը փափաքէր, որ շուտով իր ձեռքին մէջ տեսնէ մեծկակ գումարը:

Կէս ժամ եւս անցաւ: Եւ ահա խարխլած ինքնաշարժը կը մօտենար մեզի: Փողոցը կանգնած հետաքրքիր մարդիկը, ոմանք հայ, ոմանք արաբ, բացագանչեցին՝

– *Ջա՛ա, ռա՛ա* (եկա՛ւ, եկա՛ւ):

– Եկա՛ւ, եկա՛ւ, տեսնենք իսկապէս շահէ՛ր է, թէ իրականութեան մէջ այդ մարդը խելքը կորսնցուցեր է:

Այս խօսակցութիւնը լսելով, այս անգամ սափրիչը ան

ձամբ դուռէն դուրս եկաւ, մկրապն ու սանտրը ձեռքին:

Թաքսիի վարորդը հասաւ ետ փողոցին անկիւնը, սակայն փոխանակ պողոտային վրայ կանգ առնելու որպէսզի Արսէնը վար իջնէ, մղաւ փողոցէն ներս:

Կնքահայրս, որ ուշի ուշով կը դիտեր անցուդարձը, տեսնելով որ թաքսին կողքի թաղը մղաւ.

— Մանուկ, վազէ՛, գնա՛ տես ի՛նչ կը պատահի:

Երբ ես վազելով հասայ փողոցին անկիւնը, թաքսին կանգ առաւ Արսէնի տան առջեւ, որ փողոցին վրայ գտնուող վեցերորդ տունն էր: Արսէնը ինքնաշարժին դուռը բացաւ, դուրս նետուեցաւ եւ արագ քայլերով իր տունը մղաւ: Ձեռքին մէջ կար թուղթէ փոպրակ մը, զոր ան օդին մէջ կը ծածանէր, կարծես պապերազմէն յաղթական վերադարձող զինուոր մը ըլլար, որ հպարտօրէն իր երկրի դրօշակը կը ծածանէր:

Երբ անոր դրան մօտ հասայ, տեսայ որ Արսէնը փոպրակը նոյն ձեւով բռնած՝ բակին մէջ կը պարէր: Անոր կինը, ամէնապ հոքր երեխան մէկ թեւին մէջ սեղմած, իսկ միւսը՝ ամուսնոյն պես դարձեալ օդին մէջ բռնած՝ կը պարէր ամուսնոյն հետ:

Վարորդը, որ մինչ մայթին վրայեն այս փեսարանը կը դիտեր, սիկարէթ մը վառեց: Սիկարէթին ծուխը այնքան պաշեց, որ սիկարէթին կեսը արդէն մէկ շունչով սպառեցաւ: Հեպաքրքիր մարդոցմէ մին խոսքը ուղղելով վարորդին, հարց փուաւ.

— Դէ ըսէ՛ փեսնենք, իսկապես դրամ շահե՛ր է:

— Շահեր է, բարեկամ: Ամէնամեծ գումարը: Ես աչքովս փեսայ ինչպես քսան հինգ հազար ոսկին մէկ-մէկ թուղթէ փոպրակին մէջ լեցուցին: Այսքան գումար միապդեդ ես ամբողջ կեանքիս մէջ չեմ փեսեր:

Արսէնը այնքան պարուեր էր իր շահածով, որ մոռցեր էր վարորդին սակը վճարել: Պահ մը պարը կասեցուց եւ վարորդին ներս կանչեց: Վերջինը երբ ներս մտաւ, Արսէնը թուղթէ փոպրակին մէջէն թղթադրամ մը հանեց եւ վարորդին փուլալ: Վերջինը, թէ.

— Բարեկամ այս գումարը շատ է: Ես մէկ շաբաթ կ'աշխատիմ որ այս գումարը շահիմ: Ինծի միայն երեք ոսկի փուր:

— Ո՛չ, չ'ըլլար, երեք ոսկի չի բաւեր: Դուն միակ թաքսիի վարորդն ես, որ զիս հաւատացիր եւ օգնեցիր:

Հարիւր ոսկին հալա՛լ է քեզի:

Վարորդը վերջապէս ընդունեց գումարը եւ դռնէն դուրս եկաւ: Արսէնը փակեց փողոցի դուռը:

Ես վերադարձայ եւ ամբողջ եղելութիւնը պատմեցի կնքահորս: Իր աշխատանքին դադար տալով, ուշի ուշով կը հետեւէր ըսածներուս: Խօսքս աւարտելէ ետք, կնքահայրս իր դէմքին խորհրդաւոր արտայայտութիւն տալով, ինծի հարցուց.

— Մանուկ, փեղեա՛կ ես թէ երկու պարի առաջ ի՛նչ գին վճարեցի այն յարկաբաժնին, ուր ես կը բնակիմ:

— Այո, կնքահայր: Ութ հազար ոսկի:

— Ես այդ յարկաբաժինը պարտքով առի: Տակաւին չորս պարի եւս մուրհակներս պիտի վճարեմ, որպէսզի պարտքս գոցեմ:

Ապա երկա՛ր շունչ մը քաշելէ ետք՝

— Մանուկ, այսօր կանուխ փակենք խանութը:

Գործիքները, աթոռները ներս փոխադրէ՛ եւ տուն գնա՛:

Շուտով կատարեցի կնքահորս հրահանգը: Ինծի համար հաճելի էր կանուխս մեկնիլը: Ես կրնայի այդ քանի մը ժամերը օգտագործել՝ ընկերներուս հետ գնդակ խաղալու համար: Սակայն ճամբուս վրայ միտքս փոխեցի, կ՚ուզէի վայրկեան առաջ տուն հասնիլ, որպէսզի այդ օրուայ նորութիւնները պատմեմ ընտանիքիս անդամներուն: Եւ այդպէս ալ ըրի: Մայրս, թէ՝

— Ի՞նչ կ՚ըսես, փդաս, այդպէս բան կը պատահի՞:

— Այո՛, մամա, կնքահօրս հարցուր:

Եւ իսկապէս ծնողքս շատ չսպասեցին եղելութեան ճշմարտութիւնը իմանալու համար: Երեկոյեան ոչ ուշ ժամուն կնքահայրս մեր տուն այցելեց: Սովորական բարեմաղթանքները փոխանակելէ ետք, կնքահայրս խօսքը ուղղելով ծնողքիս՝

— Մանուկը պատմե՞ց:

— Այո, պատմեց, որքանո՞վ ճշմարիտ է պատմածը:

— Բոլորը: Մանուկը տուն ճամբելէ ետք, ես այցելեցի Արսէնին տունը: Խեղճ մարդը քիչ մնացեր էր ուրախութեւնէն խելագարի: Որոշեր է ծախու առնել այն բակով տունը, ուր կը բնակի: Տանտէրն ալ համաձայն է, որովհետեւ ամիսներէ ի վեր Արսէնը տան վարձքը չէր տուած, ոչ ալ պիտի կարենար տալ ապագային: Հիմա տան գինին վրայ սակարկութիւն կ՚ընեն:

— Հալալ է մարդուն, հինգ երեխաներ կ՚ապրեցնէ: Ուրախ եմ որ չքաւոր մը շահեցաւ: Փա՜ռք Աստուծոյ,— ըսաւ մայրս, թեւերը երկինք բարձրացնելով:

Ես այդ ամառ, իւրաքանչիւր անգամ որ կնքահօրս խանութը կ՚այցելէի աշխատանքի համար, աչքիս առջեւ կը պարզուէր նոյն տեսարանը: Արսէնը՝ իր ձեռքին թղթադրամներով լեցուն տոպրակը: Ապա, ես կ՚երեւակայէի թէ ի՞նչ բաներ պիտի գնէր հայրս, եթէ ինք շահէր նոյնքան գումար:

Առաջին հերթին՝ բակով փուն մը, թերեւս նոյն բակով փունը, որու սենեակներէն երկուքը մենք վարձեր էինք, սակայն այս անգամ վարձակալներն ու փանփերը վարձք պիտի վճային հորս. այդ հեծանիւը, որ հայրս խոսփացեր էր գնել ինծի համար. զոյգ մը մարզական կօշիկներ, որ ես հազնէի միայն գրնդակ խաղալու համար. գեղեցիկ հագուսփներ՝ քրոջս Արփեմիսին համար, եւ, եւ, եւ... Ցանկը երկար էր: Ես այս ցանկին աւելցուցի այլ բաներ ալ, մինչեւ ամառնային աշխապանքիս վերջը կնքահորս մօտ, յաջորդ դպրոցական փարին սկսելէն մէկ շաբաթ առաջ:

Այսպէս էր սովորութիւնը իմ ամառուայ արձակուրդիս վերաբերեալ: Մայրս ինծի մէկ շաբաթ կու փար դպրոցի ամառուայ արձակուրդին առթիւ, անոր փակուելէն եփք: Մէկ շաբաթ ալ կու փար նոր դպրոցական փարին սկսելէ առաջ:

Ես այս երկու շաբաթները կ՚օգփագործէի այնքան՝ որքան կրնայի, զնդակ, հոլ, զնդիկ խաղալով փողոց հեփ, կամ աչքիսփուկ, կամ նման խաղեր խաղալով՝ թէ փողոց եւ թէ աղջիկներուն հեփ: Իմ վերոյիշեալ զնումներուն ցանկը փակուեցաւ, երբ նոր զիրքերուն ցանկը սփացայ դասարանիս դասփիարակէն:

ԲԱՐԿԱՑԱԾ ԺԱՄԿՈՉԸ

Ես մանկապարտէզի առաջին երեք տարիները դպրոց կ՚երթայի եղբօրս ընկերակցութեամբ: Դպրոցին շէնքը մեր տան մօտ էր: Որքով ութէն փասը վայրկեան կը փեւէր դպրոց հասնիլը կամ ալ դպրոցէն փուն վերադառնալը:

Ճամբան գիտէի, սակայն ինքնավստահութիւն չունէի որ առանձին կտրէի այդ ճամբան:

Երբ մեծ քոյրս գիս դպրոց փարաւ, ծաղիկ դասարանի աշակերտ արձանագրելու համար, ես մնացի դպրոցի բակին մէջ, իմ ընկերներուս հետ խաղալու համար, իսկ քոյրս վերադարձաւ փուն, որովհեփեւ ան աւարփեր էր նախակրթարանը եւ ա՛լ դպրոց չէր յաճախեր: Այդպես էր իրավիճակը այդ օրերուն: Ես առաջին անգամ որքով առանձին փուն վերադարձայ այդ օրը:

Երբ արդէն նախակրթարանի աշակերտ էի, կը սիրէի առաւօփները կանուխէն երթալ դպրոց: Ինծի համար խորհրդաւոր բան մըն էր դպրոցի միջավայրը, կարծես փաճար մը, մեծ քարայր մը, կամ որեւէ առեղծուածային վայր մը ըլլար: Կը պապահէր, որ երբ դպրոց հասնիմ, ժամկոչը նոր բացած կ՚ըլլար շէնքին խոշոր մեփաղեայ դուռը եւ բակին մէջ միայն քանի մը աշակերփներ կ՚ըլլային: Ես գիրքերով եւ փեփրակներով լեցուն պայուսակս պափին մէկ կողմը կը զեփեղի եւ կը սկսէի դիփել չորս կողմս, կարծես հասած ըլլայի նոր մոլորակ մը, զոր պէփք էր հեփագօփէի: Իրաքանչիր անգամ, որ կը մփնէի դպրոցի բակէն ներս, կարծես առաջին անգամն էր, որ կը փեսնէի այդպփեղը: Այնքա՛ն խորհրդաւոր կը թուէր ինծի:

Դպրոցին բակը կարելի էր մտնել երկու խոշոր մետաղեայ դռներէն, որոնք փեղադրուած էին բակին երկու հանդիպակաց պատերուն վրայ: Բակին երրորդ կողմը կը նայէր եկեղեցիին գաւիթին: Գաւիթին մէկ կողմը կար փնօրէնութեան սենեակը, իսկ միւս կողմը՝ փնփեսուհիին սենեակը: Օրուայ քանի մը զբօսանքներուն աշակերտները կը շարուէին փնփեսուհիի սենեակի պատուհանին առջեւ եւ քանի մը դահեկանի փոխարէն կը գնէին կարկանդակներ, որոնք թէեւ լոկ խմորէ պատրաստուած կարկանդակներ էին, սակայն մենք մեծ ախորժակով կ'ուտէինք զանոնք: Անոնք որոնք քանի մը դահեկան ես ունէին, փնփեսուհիէն կը գնէին կտոր մը լոխում, կարկանդակին հետ ուտելու համար:

Գաւիթին հանդիպակաց կողմը զետեղուած էին վեց դասարաններ, երեք դասարան գետնայարկի վրայ, եւ երեքը՝ առաջին յարկին վրայ, ուր վերջին երեք դասարանի աշակերտները կը բարձրանային մուտքին հանդիպական կողմի պատէն վեր սլացող սանդուխներէն:

Գետնայարկին վրայ կային քանի մը դասարաններ ես, որոնք կը ծառայէին որպէս փոքրիկ հանդիսասրահ եւ ձեռային աշխատանքի վայր: Մենք վերջին սենեակը կը փոխադրուէինք արուեստի պահերուն, ուր ուսուցիչի մը հսկողութեամբ կը զբաղէինք զանազան արուեստներով: Օրինակ՝ ոմանք ճերմակ խաւաքարտերու վրայ կը գծէին զանազան պատկերներ, փարբեր գոյներով. ուրիշներ յափուկ գունաւոր մելանով պատկերներ կը գծէին սպիտակ ճենապակիներու վրայ, ուր պատկերները կ'ընդօրինակէին Ծնունդի կամ Զատկուայ առթիւ փոխանակուած շնորհաւորական բացիկներէն՝ թռչուններ, ծառեր, եւայլն: Տղաքը խէժով զանազան պատկերներ կը փակցնէին նրբապախտակներու վրայ եւ բարակ սղոցով պապկերներու եզրերը սղոցելով, արձանիկներ կը պատրաստէին:

Դասարաններու շէնքին փակը կար նկուղ մը, որուն առասպաղը բակին յատակէն հազիւ երկու ոտք բարձրութեան վրայ էր: Մուտքը շէնքին մէկ կողմն էր, իսկ այդ նկուղն ունէր փոքրիկ պատուհան մը, որ կը նայէր դէպի բակը: Պատուհանը պաշտպանուած էր ճաղերով, որոնք որպէս պապնէշ կը ծառայէին կատուներու դէմ:

Նկուղի գետնին վրայ, պատուհանին շատ մօտ, կար մոմով լեցուն մեծ կաթսայ մը, որ գետեղուած էր հասպ ոտքերով օճախի մը վրայ: Կաթսային ճիշդ վերեւը, առասպաղէն կախուած մետաղեայ շղթայ մը կար:

Իսկ այդ շղթային վերջին օղակէն կախուած էր իր մը, վերեւի մասը կորաձեւ ձողերով շրջապատուած, որոնց շառունակութիւնը ուղղահայեաց ձողեր կը կազմէին: Այս ձողերը բոլորը միասին կը կազմէին կարծես գմբէթաձեւ վանդակ մը: Ուղղահայեաց ձողերը իրարու կը կապէր մետաղեայ շրջանակ մը, որու յատակի մասէն կախուած էին փոքր օղակներ: Իւրաքանչիւր օղակէն կախուած էր հասպ դերձան մը:

Ժամկոչը այդ գործիքով մոմեր կը պատրաստէր: Երբ գործի վրայ էր, մոմ պարունակող կաթսային ներքեւը գտնուող օճախը մեղմ կրակով կը վառէր, այնքան որ կաթսային մէջ գտնուող մոմը հալած վիճակի մէջ մնար: Շէնքին ունէր երկար կոթով շերեփ մը, որմով ան մէկ ձեռքով կաթսայէն հալած մոմ կը վերցնէր եւ կը թափէր դերձաններու երկայնքէն վար, իսկ միւս ձեռքով գործիքը քիչ մը կը պտտցնէր եւ նոյն գործողութիւնը կը կրկնուէր յաջորդ դերձանին երկայնքն ի վար, եւ այսպէս շառունակ:

Մինչեւ առաջին դերձանը դարձեալ նոյն գործողութ-
եան ենթարկելը, անոր վրայեն թափուած մոմը կը սառեր եւ
անոր վրայ նոր մոմ աւելնալով, հետզհետէ դերձանին վրայի
մոմը կը հաստանար մինչեւ որ ժամկոչը որոշէր, որ անոնք
այլեւս եկեղեցիէն ներս գործածական մոմեր էին: Իմ հա-
շիւովս, այդ գործիքէն մօտաւորապէս երեսուն դերձան կախ-
ուած կ'ըլլար, այնպէս որ նոյնքան մոմեր դուրս կու գային
իւրաքանչիւր ամբողջական գործողութենէն ետք:

Դերձանէն վար թափուող հալած մոմին մէկ մասը կը
հոսէր կաթսային մէջ, որուն վերեւի մասը աւելի լայն էր, քան`
այն շրջանակը, որմէ թելերը կախուած էին: Այնպէս որ, որեւէ
կաթիլ մոմ ի զուր չէր սպառեր: Ես երբեմն զբօսանքի ժամուն
պապուհանիին առջեւ պպզած կը դիտէի այս գործողութիւնը:
Նկուղը երկու աղբիւր ունէր լուսաւորութեան: Մին ելեքտրա-
կան հոսանքով լուսաւորող լամբ էր, որ բաւարար չէր լու-
սաւորեր նկուղը: Իսկ միւս աղբիւրը` այդ փոքրիկ պապու-
հանն էր: Այդ պապճառաւ ժամկոչը իր աշխատանքը կը կա-
տարէր ցերեկը, երբ արեւի ճառագայթները կ'իյնային
պապուհանիին վրայ: Իսկ երբ ես պապուհանիին առջեւ նստած
դիտէի աշխատանքը, կը խանգարէի արեւի ճառագայթներու
մէկ մասին մուտքը: Այս պապճառաւ, քանի մը վայրկեան
ինծի որպէս դիտորդ թոյլ տալէ ետք, ձեռքի շարժումով կը
հրահանգէր, որ հեռանայի այդ վայրէն: Իսկ երբ շարունակէի
մնալ նոյն փեղը, զայրոյթով միայն մէկ բառ կ'արտասանէր.

– Գնա՛, գնա՛,– եւ իր նստած փեղէն ելլելով` քանի մը
քայլ կ'առնէր դէպի նկուղին դուռը, ցոյց տալու համար, որ
պատրաստ է նոյնիսկ դուրս գալու եւ զիս բռնի ուժով հե-
ռացնելու հոնկէ:

Ես վախէս իսկոյն կը հեռանայի: Խոժոռ եւ ահագոդ

դէմք մը ունէր։ Ես այդ մարդուն դէմքին վրայ երբեք ժպիտ չէի տեսներ։ Մշտական բարկացած արտայայտութիւն մը կար անոր դէմքին վրայ։ Իմ վրաս այն տպաւորութիւնը թողեր էր, որ կարծես քանդակագործ մը քարի վրայ բարկացած դէմքով մարդու մը գլուխը քանդակեր էր եւ զայն զետեղեր էր այս ժամկոցին ուսերուն վրայ։ Եւ այդ քանդակը միեւնոյն դէմքը ունէր օրուայ բոլոր ժամերուն։

Ես կը մտածեի, որ եթէ օր մը ժամկոցը յանկարծ յայտնուի իր ծանօթներէն մէկուն առաջ, ժպիտը դէմքին, իր դէմքը այնքան տարբեր պիտի ըլլար իր սովորական դէմքէն, որ այդ մարդուն ծանօթները պիտի չճանչնային զինք։ Բարեբախտաբար այդպէս խնդիր մը չծագեցաւ, որովհետեւ ժամկոցը իր դէմքը մշտապէս պահեց նոյն բարկացած դէմքով։

Մեր՝ երեխաներուս յիշողութեան մէջ կար մէկ այլ տխուր դրուագ՝ ժամկոցին հետ կապուած։

Մեր դպրոցի նախակրթարանի վեց դասարաններուն աշակերտները՝ առաջին դասարանէն մինչեւ վեցերորդ դասարանցիները, պարտ էին Կիրակի օրերը կարգով եկեղեցի յաճախել եւ նախած մնալ եկեղեցիի առջեւ նախարանններուն վրայ, մինչեւ արարողութեան աւարտը։ Ըսենք՝ եթէ դպրոցական պարուան սկիգբի առաջին Կիրակին առաջին դասարանի աշակերտները պարտաւոր էին ներկայ ըլլալու արարողութեան, ապա յաջորդ Կիրակի՝ երկրորդ դասարանի աշակերտներուն կարգն էր։ Վեցերորդ դասարանի աշակերտները եկեղեցի այցելելէն ետք, յաջորդ Կիրակի առաջին դասարանի աշակերտներուն կարգն էր դարձեալ։ Եւ այսպէս շարունակ, մինչեւ դպրոցական պարուոյն աւարտը։

Յապաղողները գործ ունէին իրենց դասարանի դասպիարակին հետ։ Պապիծը ծանր եւ ցաւոտ չէր։ Բացա կայողները իրենց ափերուն վրայ զաւագանի հարուած չէին սպանար, ինչպէս սովորութիւն էր որեւէ այլ ջարութեան կամ ցած նիշեր սպանալու պարագային: Որպէս պապիժ` բացակայող աշակերտը պարտ էր փետրակի մէկ էջի իւրաքանչիւր փողին վրայ գրել մէկ նախադասութիւն.– «Ես անգամ մըն ալ եկեղեցիի արարողութեւնէն պիտի չբացակայիմ»: Մեզի համար զգուելի գործընթաց էր այս պապիժը, այնպէս որ շատ քիչերը կը բացակայէին: Արարողութեան աւարտին մենք շարք կը բռնէինք եկեղեցիին ելքէն քիչ մը առաջ զետեղուած սեղանին առջեւ, որպէսզի մաս սպանայինք սեղանին եղեւ զպնուոդ անձէ մը:

Յաճախ ժամկոչր կը սպանձնէր այդ դերը: Մասը կը բաժնէր այնպիսի հանդիսականութեամբ, որ իմ վրաս այն պապատրութիւնը կը թողէր, թէ ան եկեղեցիին փերն էր: Երբ մենք` աշակերտփներս, մէկ շարքի վրայ կանգնած մեր կարգը կը սպասէինք, նախ աչքերը պտպղցելով շարքի երկայնքով կը սպուգէր, որ բոլորս ալ արարարողութեան ներկա՛յ էինք կամ ոչ: Երեւի իւրաքանչիւրիս եկեղեցի մուփք գործելուն ժամանակ կը սպուգէր, թէ ո՛ր աշակերտրը ներկայ էր եւ զուցէ կը համրէր ներկաներուն թիւը: Ապա երբ իւրաքանչիւր աշակերտ իր ձեռքը կ'երկարէր ափը դեպի վար ուղղուած, ան կպոր մը մաս կը զետեղէր անոր ձեռքին վրայ ու գլուխով շարժում մը կու տար, որպէս նշան, թէ աշակերտը շուտով պարտի հեռանալ: Գիխու այդ շարժումը կը յիշեցնէր ինձի փուած հրամանը, երբ ես զինք կը դիպէի իր մոմաշինութեան գործողութեան ժամանակ.

– Գնա՛, գնա՛,– եւ ես արագ քայլերով կը շպապէի եկեղեցիէն դուրս գալ:

Ես եկեղեցի կ'այցելէի նաեւ ըստ ցանկութեան: Որոշ

ժամանակ եկեղեցիէն ներս պապարագին ներկայ ըլլալէ ետք, դուրս կուգայի՝ բակին մէջ խաղցող դասընկերներուս միանալու: Այդ դասընկերներուս մեծ մասը մեր թաղամասէն աւելի հեռու կ՚ապրէին: Այնպէս որ կարելի չէր ըլլար անոնց հետ խաղալ մեր թաղերուն մէջ: Կիրակի օրերը մեզի առիթ կ՚ընծայուէր միայնեդ խաղալու: Մենք մեր խաղը կը դադրեցնէինք, երբ պապարագը կ՚աւարտէր եւ հաւատացեալները կը սկսէին եկեղեցիէն դուրս գալ: Այն ատեն մենք եկեղեցիէն ներս կը մտնէինք սուրբ մասունքէն մեր բաժինը սպաևալու: Եթէ ժամկոչն էր մաս բաժնողը, ապա ոչ ոք կրնար սպաևալ, եթէ նախապէս եկեղեցիէն ներս մուտք չէր գործած: Հոյակաս յիշողութեան տէր էր ժամկոչը եւ ըսպ այնմ՝ գիտէր թէ մաս խնդրող աշակերտը եկեղեցիէն ներս մուտք գործա՞ծ էր թէ ոչ: Վերջիններէն դուրս կուգային առանց մաս սպաևալու:

Կիրակի օր մը, մենք այնքան տարուած էինք խաղով, որ մեզմէ որեւէ մէկը կարծես ժամանակ չունէր եկեղեցիէն ներս մտնելու: Դասընկերներէս մին՝ Անթոն, բարեպաշտ ընտանիքի անդամ էր: Ամէն Կիրակի պապարագին ներկայ կ՚ըլլար եւ մասէն իր բաժինը սպաևալով՝ կը վերադառնար տուն, որպէսզի իր ընտանիքի անդամներուն բաժին հանէ սպացած մասէն: Այդ օրը սակայն, մեզի հետ բակին մէջ խաղաց մինչեւ պապարագի աւարտը. եւ միայն այդ ժամանակ յիշեց, որ իր ընտանիքի անդամները մասունքէն իրենց բաժինը կը փափաքէին ունենալ: Եկեղեցիէն ներս մրաւ ու շարքի կեցաւ մասէն իր բաժինը առևելու համար:

    — Գնա՛, գնա՛,— Ժամկոչը խիստ դէմքով հրահանգեց:

    — Բայց ես ամէն Կիրակի եկեղեցի կուգամ, այսօր այսպէս պատահեցաւ,— Անթոն զանգատեցաւ: Աչքերէն քանի մը կաթիլ արցունք թափեցան: Սակայն ժամկոչը իր որոշուրին վրայ անսասան մնաց։

Անթոն լալով եկեղեցիէն դուրս եկաւ։

Հաւապացեալներուն մօտաւորապես կէսը փականին եկեղեցիէն ներս կը գտնուէին եւ կը սպասէին իրենց կարգին՝ մաս սպանալու համար։ Այն ատեն իմ դասընկերներէս երկուքը՝ Դաւիթը եւ Յակոբը, մօտեցան հեկեկացող Անթոյին թէ՝

— Մի լար, հիմա մենք քեզի համար մաս կը բերենք։

Եկեղեցիի կողքի դուռէն մտան դպրապուն եւ ձեռացնելով, որ իրենք արդէն ներսն էին, ձեռքերնին մէկ-մէկ երկարեցին՝ մաս սպանալու համար։ Սակայն չկրցան այս խաղը կլլեցնել ժամկոչին։ Աչքով վերէն վար երկու «կամաւորները» քննելէ ետք, այս անգամ ժամկոչը իր թաթով մէկական թեթեւ հարուած փուաւ երկուքի ձեռքերուն։ Այս ճախող առաքելութիւնը փեսնելէ ետք, Անթոն սկսաւ բարցրաձայն լալ.

— Ես ի՞նչ պիտի ըսեմ ծնողքիս. թէ եկեղեցի չայցելեցի՞։

Ես ակնարկս եկեղեցիէն ներս նետեցի՝ փեսնելու համար թէ փականին որքա՞ն հաւապացեալներ կային։

Մօտաւորապես երեսուն հաւապացեալներ մնացեր էին, որոնք շուտով դուրս պիտի գային մաս սպանալէ ետք։ Անոնցմէ հինգը մէկ ընտանիքի անդամներ էին, մեր ընտանիքի բարեկամները։ Ես վազելով հասայ դպրատան կողքի դուռին առջեւ։ Դպրապեդրը զբաղած էր եկեղեցական զգեստները պահարանին մէջ զետեղելով։

Ութքերուս մատներուն վրայ քալելով, սպրդեցայ ներս եւ ապա միւս դուռէն դուրս գալով՝ մտայ եկեղեցի։ Դարձեալ ուշադրութեամբ քալելով հասայ այդ ընտանիքին մօտ եւ ապա անոնց հետ ուղղուեցայ դեպի եկեղեցիին մայր դուռը՝

խոսքի բռնուելով աննծ հետ եւ ծեւացնելով, որ ես սկիզբէն աննծ հետ էի: Երբ իմ կարգս եկաւ մաս սպանալու, ժամկոչը մէյ մը ինծի, մէյ մըն ալ զիս «պապսպարող» ընտանիքի անդամներուն նայելով, կը փորձէր իմանալ թէ արդեօք խա՞դ մը կը խաղցուէր: Մասի կտոր մը ծեռքին՝ պահ մը անշարժ մնաց: Կացութիւնը կռահելով այդ ընտանիքին մայրը, որուն առջեւ կարգի կեցեր էի, զուրգուրանքով գլուխս շոյեց, կարծես ժամկոչին ըսելու համար, որ ես իրենց հետ միասին պապարագին ներկայ էի: Այն ատեն միայն ժամկոչը կտոր մը մաս փուաւ ինծի, սակայն միեւնոյն ատեն ծեռքով նշան փուաւ ինծի, որ համաqор էր իր անձային «զնա՛» հրահանqին: Դուրսը Անթոն պակաւին կու լար: Մեծ ժխտով ծեռքես ընդունեց մասը եւ աչքերը սրբելէ եպք՝ վազելով վերադարձաւ փուն:

ՆԵՐԳԱՂԹ

Ե
ս առաջին անգամ ներգաղթի մասին իմացայ երբ մեր փուն այցելեց ազգային գործիչներու ուիթէն փաստը հոգիէնց պատուիրակութիւն մը, որու անդամներէն մին, մեր ընտանիքի բարեկամն էր։ Եկեր էին հօրս եւ մօրս ներկայացնելու ներգաղթին բարիքները՝ մեր ազգին ու հայրենիքին համար ու յորդորելու, որ մենք ալ մեր կարգին միանանք ներգաղթել ցանկացողներու շարքին։

Սա երկրորդ ներգաղթն էր։ Առաջին ներգաղթը փեղի ունեցեր էր ծնելէս առաջ եւ ես անոր մանրամասնութիւնները իմացեր էի ծնողներէս եւ մեր միջավայրին մէջ ապրող այլ երեցներէն։ Իսկ այժմ ութ փարեկան էի։ Մանկապարտէզը աւարտեր էի եւ կը պատրաստուէի նախակրթարանի առաջին դասարան յաճախել։

Հայրս կը դժուարանար որոշում կայացնելու մէջ։

Առաջին հերթին, մենք փնտեսապես պակաւին բարեկեցիկ վիճակ ունէինք։ Երկրորդ՝ մեծ քոյրս իր ամուսնոյն հետ կ'ապրեր Լիբանան եւ փարին քանի մը անգամ այցի կուգար Հալէպ։ Այսքան յաճախակի այցի կարելիութեւնէն հեռու պիտի մնար,՝ եթէ մենք հայրենիք փոխադրուէինք եւ քոյրս մնար Լիբանան, ի մտի ունենալով որ քոյրս եւ իր ամուսինը չէին ցանկանար ներգաղթողներու շարքին միանալ։

Սակայն, նոյն պատուիրակութիւնը քանի մը անգամ դարձեալ այցի եկաւ մեր փուն, հօրս համոզելու համար։ Վերջապես անոնք յաջողեցան եւ պէտք եղած գործընթացը կատարելէ ետք, մեր ընտանիքը հայրենիք փոխադրուելու իրաւասութիւնը ստացաւ։ Մեր ընտանիքի իւրաքանչիւր անդամին տրուեցաւ մէկական կտրոն, ուր արձանագրուած էին պէտք եղած փտեղեկութիւնները։

Նոյն գործընթացը փեղի ունեցաւ հայրենիք վերադառնալ փափաքող այլ ընտանիքներու պարագային։

Խառն զգացումներ կը փիրէին հայկական զաղութէն ներս։ Ոմանք սկսեր էին անհրաժեշտ գործընթացները ու կը սպասէին դրական պատասխաններուն եւ համապատասխան փասպաթուղթերուն։ Ոմանք արդէն սպացեր էին դրական պապասխանները եւ սկսեր էին հաւաքել այն անձնական իրերը, զորս պիտի փեղափոխէին իրենց հետ։ Ոգեւորուած էին աննոք, որ պիտի ճամբորդէին, իսկ եւրեւ մնացող ընտանիքի այլ անդամներուն սրփերուն մէջ փրփմութիւն կը փիրեր, սիրելիներէն մօփալուփ բաժանման պատճառաւ։

Մեր ընտանիքին մէջ ամենաշափը ես խանդավառուած էի։ Դասընկերներէս եւ թաղի ընկերներէս շափերը պիտի մեկնէին։ Մենք՝ երեխաներս, իրարու հանդիպելով կը գրուցէինք այն բոլոր բարիքներուն մասին, զորս կը լսէինք մեր երեեցներէն։ Պիտի փեսնէինք Արարատ լեռը, պիտի քալէինք փողոցներէն, ուր միայն հայերէն կը խոսին, եւ այլն։ Մենք նոյնիսկ նոր ֆուֆպոլի խումբ կազմեցինք միասնաբար։ Կ՛այցելէինք փուները այն ընկերներուն, որոնք եփ պիտի մնային եւ հրաժեշտի խոսքեր կը փոխանակէինք։

Այդ օրերուն, մեր դրան սեմին անակնկալ յայփնուեցաւ մեծ քոյրս, իր ամուսնոյն հետ միասին։ Հորս հայրենադարձութեան որոշումին մասին իմացեր էին մեր ընտանիքին բարեկամ անձ մը, որ անձնական գործով ճամբորդեր էր Լիբանան։ Քոյրս, իր ամուսնոյն հետ, փարին առ նուազն երկու անգամ կ՛այցելէին մեր փուն, ուր կը մնային միայն մէկ կամ երկու օր։ Այդ այցերը թէեւ կարճ՝ մեծ ուրախութիւն կը սփեղծէին թէ՛ ծնողքիս եւ թէ քրոջս համար։ Բաժանումը սակայն, շատ ցաւալի էր, մանաւանդ՝ հօրս համար: Բաժանումէն ետք ժամերով արցունք կը թափէր, մինչեւ որ մայրս միջամտեր:

— Հերի՛ք է Միքայէլ, աղջիկդ միայն Լիբանան զնաց, Ամերիկայ չզնաց: Ամիսներ ետք դարձեալ զինք կը տեսնենք:

Յաջորդ ամիսներուն հայրս կ՚ապրէր այն յոյսով, որ շուտով դարձեալ պիտի տեսնէր իր աղջինեկ աղջիկը: Այս անգամ բաժանումը կարճ փելեց, որովհետեւ քոյրս նուազ քան երկու ամիս առաջ այցի եկեր էր: Հայրս շատ գոհ էր այս անակնկալ այցէն:

Շուտով ներգաղթը դարձաւ խօսակցութեան հիմնական նիւթը: Քոյրս կը ջանար ցոյց տալ, որ ինքը շատ ոգեւորուած էր ներգաղթին վերաբերեալ հօրս առած որոշումով: Սակայն փեսակ մը անհանգստութիւն կար իր դէմքի արտայայտութեան մէջ: Քոյրս կը փորձէր քողարկել իր զգացմունքը, երբեմն կատակներ ընելով, երբեմն զուարթ խօսակցութեամբ, սակայն միեւնոյնն էր:

Վրդովմունքը փեսանելի էր:

Վերջապէս, քոյրս հարց փուաւ հարկաւոր փասպաթուղթերուն մասին, զորս սպացեր էինք ներգաղթի վերաբերեալ: Հայրս անոր յանձնեց այդ վեց կտրոններէ բաղկացած փրցակը:

— Ասո՞նք են բոլոր փասպաթուղթերը, հայրիկ,— հարցուց քոյրս:

— Այո՛, աղջիկս, ասոնք են:

— Այլ թուղթեր չկա՞ն:

— Ո՛չ, չկան:

Վստահ ըլլալով, որ այլ փասպաթուղթեր չկան, քոյրս վեց կտրոնները մէկիկ-մէկիկ պապռեց, բացագանչելով.

— Հիմա գացէ՛ք, եթէ կրնաք: Մպադիր էիք զիս եղեւ թողնել եւ հեռանա՞լ:

Սենեակին մէջ երկարատեւ լռութիւն փիրեց: Ամէնքս կը սպասէինք, թէ ո՞վ առաջինը պիտի խօսէր: Վերջապէս հայրս ընդհապեց այդ լռութիւնը, քիչ մը հեկեկալով:

— Լա՛ւ աղջիկս, քեզ առանձին չենք թողուր...

Քոյրս անշուշտ կասեցուց մեր ընտանիքի հայրենիք վերադարձը ո՛չ այն պատճառալ, որ հաշտ չէր ներգաղթի ծրագրին հետ, այլ այն պատճառով, որ եթէ ներգաղթին միանայինք, պիտի չկարենար այցելել իր հօր փունը այն հեշտութեամբ, որքան որ կրնար՝ եթէ Հալէպ մնայինք:

Ես խառն զգացմունքներ ունէի այս հարցին վերաբերեալ: Մէկ կողմէ ուրախ էի, որ պիտի կարենամ տեսնել քոյրս, թէկուզ տարին միայն երկու անգամ եւ կարճ ժամանակով: Միւս կողմէ, սակայն, պիտի կորսնցնէի ընկերներս ումանց ու նաեւ կիսատ պիտի մնային այն բոլոր ապագայ ծրագիրները, զորս մշակեր էի անոնց հետ...

Մինչ այդ ես ներգաղթին մասնակից ընկերներուս հետ կ'այցելէի փունները այն ընկերներուն, որոնք եղ պիտի պիտի մնային եւ անոնց հետ հրաժեշտի խօսքեր կը փոխանակէինք: Հորս վերջին որոշումէն երբ, դերս շրջուեցաւ: Ես այս անգամ միացալ այն ընկերներուս խումբին, որոնց հետ կ'այցելէինք ներգաղթող ընկերներուն փունները, անոնց բարի ճանապարհ մաղթելու:

Հայրենադարձները արդէն սկսեր էին ճամբորդութեան պատրաստութիւնները: Տուներու բակերուն մէջ կը պատրաստուէին փայտէ հսկայ արկղներ, որոնց մէջ կը զետեղուէին փան զանազան պիտոյքները, որոնք ամէն օր չէին գործածուեր: Ամէնօրեայ գործածուող իրերը արկղներու մէջ պիտի գեպեդուէին վերջին օրը, մարդապար մեքենաներու շարժելէն քանի մը ժամ առաջ։ Այդ ապեն կափարիչները գամերով կը միացուէին արկոներուն, որոնք կը բեռցուէին մարդապար մեքենաներու փանիքներուն ու կ'ամրացուէին հասպ պարաններով։

Այդ օրերուն համայնքի ամէնազքաղ մարդն էր Գասպար աղբարը։ Աւելի քան հինգ փասնամեակներ բոլորած փղամարդ մը, որ երբեք ընտանիք չէր կազմած եւ կ'ապրէր առանձին։ Կ'ըսէին թէ՝ երիփասարդ փարիներուն քանի մը անգամ ամուսնութեան մպադրութիւնը յայփներ էր մօրը՝ Սաթիկ մայրիկին, սակայն սա հեղինակաւոր կին մը ըլլալով հանդերձ, վախցեր էր որ ապագայ հարսը իր մէկ հափիկ զաւակը իր ծեռքէն կրնար իլել ու հակառակեր էր այդ որոշումին, ըսելով.

– Տղա՛ս, երբ որ ես անդի աշխարհի երթամ, այն ապեն ինչ կ'ուզես ըրէ։

Իսկ Սաթիկ մայրիկը այս աշխարհէն հեռացաւ, երբ Գասպար աղբարը արդէն քառասունութ փարեկան էր եւ իր մէջ ընտանիք կազմելու փափաքը վաղուց մարեր էր... Այն փունը, ուր կ'ապրէր, ժամանակին գներ էր իր հայրը, եւ մահանալէն եփք՝ Գասպար աղբարը այդ փունը սպացեր էր որպէս ժառանգ։ Մանր մունր աշխապանք պանելով, ան իր ապրուստը հանգիսպ կ'ապահովէր։

Իսկ փան բակին մէջ գփնուող քանի մը սենեակներուն մէջ ալ վարձակալներ ընդունելով, իր եկամուպը աւելի կը մեծնար։ Այժմ կ'ապրէր հայ համայնքին, իր մեծ ընտանիքին զանազան ծառայութիւններ մափուցելով։

Օրինակ, եթէ թաղեցիներէն մին իր փան մէջ ինչ որ անհրաժեշպ նորոգութեան կարիքը ունէր, բայց անոր կը պակսեր պէտք եղած գումարը, Գասպար աղբարը շատ ջանցած կը յայտնուէր այդ փունէն ներս, իր հետ բերելով անհրաժեշտ իրերը եւ գործի կ՛անցներ: Այս գործերուն համար որեւէ վարձատրութիւն չէր ընդուներ: Պէտք եղած շաղախին գինն ալ ինքը կը վճարեր:

Ներգաղթը Գասպար աղբարին նոր առիթ ընծայեց, իր ազգային «փուրքը» փալու համար: Շալակին կը կրեր մեծ կաշիէ պարկ մը, որ լիքն էր ապաձագործի պիտոյքով՝ սղոց, մուրճ, աքցան, զամեր, եւ այլն, եւ կը շրջեր թաղէ թաղ՝ փայտէ արկղներ պատրաստելու աշխատանքին մասնակցելու: Որպեսզի իր ներկայութիւնը յայտնէր, փուներու մօտէն անցնելու ժամանակ բարձրաձայն կ՛երգեր:

– Մե՛ր հայրենիք...

Ներգաղթողներու կարաւանի շարժելուն մէկ օր մնացեր էր: Փայտէ արկղներու կափարիչները մէկ առ մէկ զամերով կ՛ամրացուէին եւ արկղները կը զետեղուէին մարդատար մեքենաներու տանիքներուն վրայ, ամրացուելով հաստ պարաններով: Յաջորդ օրը կարաւանը պիտի մեկներ Լաթաքիոյ նաւահանգիստը, ուր արկղներն ու ներգաղթողները պիտի փեղաւորուէին նաւերու վրայ եւ մեկնէին Պաթումի նաւահանգիստ եւ ապա՝ Հայաստան, ցամաքային ճանապարհով:

Լսուեցաւ Գասպար աղբարի ձայնը, որ երգելով կ՛անցներ մեր թաղէն.

– Մե՛ր հայրենիք...

– Գասպա՛ր աղբար, ներս հրամէ, օգնութեանդ պէտք ունինք:

Մեծոբ աղբարն էր: Մօտաւորապէս յիսուն տարեկան մարդ մը, որ իր ընտանիքին ապրուստը կ՛ապահովէր ներ-

կարարութեամբ, փուներու պապերն ու առասպածները ներ-
կելով: Եկամուտը հազիւ բաւարար էր ընտանիքին սնունդը
ապահովելու համար, հետեւաբար դրացիները յաճախ օգ-
նութեան կը հասնէին զանազան փեսակի ուտելիքներ հայ-
թայթելով` հաց, պանիր, կանաչեղէն, եւայլն: Սերոբ աղբարը
կ'ապրէր մեր փունէն երեք դուռ անդին:

— Սիրով, Սերոբ աղբար, վզիս պարտքն է,–պա-
տասխանեց Գասպար աղբարը ու մտաւ հիւրընկալողի բակը:

Ինծի փարեկից երեխաներուն հետ ես ալ հետեւեցայ
անոր եւ մտայ նոյն փաճ բակը:

Երեք հսկայ արկղներու մէջ դիզուած էին զանազան
պիտոյքներ, հագուստներ, կօշիկներ, եւայլն: Արկղներու պա-
րունակութեան մեծ մասը կը բաղկանար իրերէ, որոնք
նուիրապրուած էին հարեւաններէ – ճմեռուայ բաճկոններ,
կօշիկներ, փաբապներ, փէշեր, եւայլն, որոնք թէեւ քիչ մը գոր-
ծածուած, սակայն գրեթէ նոր վիճակի մէջ էին: Գասպար
աղբարի այդ օրուայ պարտականութիւնն էր կափարիչնե-
րը զամերով արկղներուն միացնել: Այդ օրը, այդ արկղները
այնքան ճանրաբեռնուած էին, որ Գասպար աղբարը հար-
կաւոր փեսաւ նաեւ աւելորդ փայտի կտորներով ամրացնել
զանոնք, որպէսզի աւելի դիմացկուն դառնան եւ չքայքայուին
ճամբորդութեան ընթացքին: Երբեւն Սերոբ աղբարը անոր
կ'օգնէր պարկէն զամեր հայթայթելով, չափող գործիքը փա-
լով, որպէսզի աշխատանքը աւելի շուտ աւարտին հասնէր:

Գասպար աղբարը հազիւ գործի սկսաւ, մինս հարե-
ւանները հաց, պանիր եւ շիշ մը օղի եւ քանի մը օղիի
բաժակներ փեղաւորեցին փոքր սեղանի մը վրայ:

Ցարզանքի փուրք էր այս, զորս կը փածէր իւրաքանչիւր
ընտանիք, ուր Գասպար աղբարը կը յայտնուէր իր իսկ յայ-

փարարած «ազգային փուրքը» մափուցելու:

Աշխատանքէն եդբ կազդուրուելու համար անհրաժեշտ էր հացն ու պանիրը: Իսկ օդին՝ հայրենիքի կենացը խմելու համար էր: Իրաքանչիւր անգամ, որ Գասպար աղբարը կարճ դադար մը առնէր պատառ մը հաց ու պանիր ուտելու համար այս պատառին կը յաջորդէր բաժակներու բարձրացումը.

– Ձեզի կը մաղթեմ բարի ճանապարհ: Մենք շուտով պիտի հանդիպինք հայրենի հողին վրայ,– կարճ կը ճարէր Գասպար աղբարը:

– Մենք ալ,– կը միանային հարեւանները:

– Կը սպասենք,– կ'աւելցնէին ներզաղթին մասնակից երէցները եւ բոլորը միասին բաժակները վեր կը բարձրացնէին ու կը խմէին հայրենիքի կենացը:

Գասպար աղբարը օդիին ազդեցութեան տակ աւելի խանդավառ կ'աշխատէր: Ես կ'երեւակայէի, որ այդ օրերուն Գասպար աղբարը աւելի մեծ քանակով օդի խմեց, քան իր կեանքի ամբողջ ընթացքին:

Վերջին զամը զամելէ եդբ, ներկաները վերջին կենացը խմեցին եւ բարի մաղթանքներ փոխանակեցին:

Նախքան հրաժեշտ փալը, Գասպար աղբարը փութաց իր ապառձագործի իրերը մեծ պարկին մէջ փեղաւորել, միեւնոյն ժամանակ լսելի ձայնով իւրաքանչիւր իրին անունը փալ, երբ այդ իրը պարկին մէջ կը փեղաւորէր.

– Մուրճը, աքցանը, զամերը, չափող գործիքը, սղոցը՛, սղոցը՛:

Այստեղ Գասպար աղբարը աղբարը կանգ առաւ, այս ու այն կողմ նայեցաւ, փեսնելու համար, որ սղոցը որեւէ մէկ փեղ կ'երեւէ՛ր: Բայց սղոցը չկար: Գասպար աղբարը քանի մը անգամ մէյ մը արկղին կողմ, մէյ մըն ալ Սերոբ աղբարին կողմ նայեցաւ եւ խօսքը ինքնիրեն ուղղելով՝ լսելի ձայնով ըսաւ.

— Արդեօ՞ք:

Ապա պարկէն աքցանը դուրս բերաւ եւ վերջին կափարիչին վրայ գամուած բոլոր գամերը մէկիկ–մէկիկ եւ հանեց, տեսնելու համար թէ արդեօ՞ք սղոցը արկղին մէջն էր: Գասպար աղբարը սղոցը գտաւ քանի մը փախատներու եւ շապիկներու տակ թաքնուած...

Առանց որեւէ խօսք արտասանելու, Գասպար աղբարը սղոցը իր պարկին մէջ փեղատորեց, կափարիչը իր նախկին փեղը դրաւ ու գամերը այնպէս ուժգին գամեց, որ ես պահ մը երեւակայեցի, որ ահա հիմա արկղը պիտի քանդեր: Ապա իրերու պարկը կռնակին նետեց ու փողոցի դուռէն դուրս նետուեցաւ, անհասկնալի բառեր մռմռալով:

Ես այդ բառերէն միայն մէկը կրցայ հասկնալ – Հայրենի՛ք:

Գասպար աղբարը արագ քայլերով կը հեռանար:

Թաղին անկիւնը չհասած՝ մէկ փան փողոցի դուռէն զինք կանչեցին.

— Գասպար աղբար, ներս եկուր, օգնութեանդ պէտք ունինք, Գասպար աղբա՛ր, Գասպար աղբա՛ր:

Գասպար աղբարը առանց որեւէ պատասխան տալու, շարունակեց իր ճամբան ու հեռացաւ մեր թաղէն...

Վերջապէս ժամը հասաւ բաժանումին: Մարդապար մեքենաները բոլորը միասին շարժեցան, չչակներու ձայնին տակ: Ուղեւորներն իրենց ձեռքերը մեքենաներուն պատու֊հաններէն դուրս պարզած՝ հրաժեշտի նշան կու տային: Տխուր–ուրախ տեսարան էր: Եւ մնացողներէն ոմանք կ'ար֊տասուէին, իրենց սիրելիներէն բաժնուելուն համար, միեւնոյն ժամանակ ուրախ, որ իրենց սիրելիները հայրենիք կը մեկնէին:

Ես չեմ հաշուած թէ քանի հոգի մեր թաղէն ներգաղթեցին, սակայն կը զգայի հոգւոյս մէջ այն դապարկութիւնը, զոր սփեռձեց իմ թաղեցիներուս, մանաւանդ՝ ընկերներուս հեռանալը: Ծանր էր այդ դապարկութիւնը, մանաւանդ յաջորդ քանի մը շաբաթներուն ընթացքին: Տասնամեակներ շարունակ կողք–կողքի ապրելէ ետք, յանկարծ աներեւութացան թաղեցիներուն մեծ մասը: Ներգաղթող ընտանիքներէն անոնք որոնք փանտէրեր էին, ամիսներ առաջ արդէն ծախեր էին իրենց փունները, փոքր մէկ մասը փնտրեսապէս լաւ վիճակի մէջ գտնուող հայերու, իսկ մեծ մասը՝ արաբ, քիւրտ, կամ թուրքմէն ծագումով փեղացիներու, ամէնքն ալ աւելի աժան գիներով, քան նոյն օրուայ շուկայի գիները:

Ներգաղթողներուն մէջ կային նաեւ փնտրեսապէս շատ լաւ վիճակի փեր ընտանիքներ: Յաճախ, մեր ընտանիքէն ներս խօսակցութեան ընթացքին, ես կ'իմանայի թէ ինչպէս գործարանատէր հայ մը ծախեր էր իր գործարանը եւ միացեր էր ներգաղթողներու շարքին: Այդ գործարաններուն մէջ աշխատողները, ի հարկէ մեծամասնութեամբ հայեր էին, որոնց միայն մէկ մասը շարունակեց աշխատիլ նոյն գործարաններուն մէջ, որոնք այժմ կը պափկանէին փեղացի արաբներու:

Մնացեալը անգործութեան մափնուեցան, որովհետեւ նոր գործափերերը բնականաբար իրենց արիւնակիցները նշանակեցին, գործէ արձակուած հայ գործաւորներուն փեղ:

Մեր թաղերը հեփգհեփէ աւելի հայաթափուեցան, երբ բարձրայարք շէնքերու մէջ բնակիլը նորաձեւութիւն դարձաւ: Նոր բարձրայարկ շէնքերը, ուր հայ ընտանիքներ բակով փուներէն կը փոխադրուէին, կը գտնուէին քաղաքի կեղրոնին աւելի մօտ շրջաններու մէջ։ Կարգ մը ընտանիքներ, որոնք վարձակալ էին մեր թաղամասի փողերէն մէկուն մէջ, հապուկենդ կը փոխադրուէին նորակառոյց շէնքեր։ Իսկ երբ այդ փողերուն փերերը կը ծախէին իրենց բակով փողերը, բարձրայարկ շէնքերու մէջ բնակութիւն հաստատելու համար, այդ ժամանակ նոյն փողերուն մէջ, որպէս վարձակալ ապրող ընտանիքներ սպիտուած կ'ըլլային իրենք ալ փոխադրուելու դէպի շէնքեր։ Եւ այս ձեւով, մեր հայահոծ թաղամասերը աւելի արագ թափով հայաթափուեցան։ Մենք ալ, մեր կարգին, ընտանեօք փոխադրուեցանք նոյն շրջանին մէջ գտնուող բնակարան մը, որ սակայն դարձեալ բակով փուն էր, ուր միայն քանի մը փարիներ բնակելէ եպք, փոխադրուեցանք Լիբանան, հորս մահէն երեք շաբաթ եպք։

Մայրս փարիներ առաջ ցանկութիւն յայտներ էր հորս, որ ընտանեօք բնակութիւն հաստատէինք Լիբանան, երբ հայրս պակաւին առողջ էր եւ կարողութիւն ունէր աշխատելու։

— Միքայէ՛լ, այս երկրին մէջ քեզի համար աշխատանք չկայ։ Երթանք Լիբանան, հոն գործ մը կը գտնես։

— Ես Հալէպէն չեմ հեռանար, Հելէն։ Մենք օր մը մեր երկիրը պիտի վերադառնանք։ Հալէպը աւելի մօտ է մեր երկրին։

Հայրս լրջօրէն կը հաւատար, որ օր մը հայրենիք պիտի հասպապուէինք, իր կենդանութեան օրոք։ Աւաղ, այդ փափաքը չիրականացաւ։ Կը յուսամ, ինչպէս իւրաքանչիւր հայ, որ այդ օրը հեռու չէ...

ՆՈՒԱԳԱՐԱՆԻ
ԱՆՀՐԱԺԵՇՏՈՒԹԻՒՆ

Երաժշտական միջավայրը ինծի ծանօթ էր։ Կնքահայրս յաճախ իր տան մէջ *ակորտիոն* կը նուագէր երեկոները։ Իսկ ես, իմ մանկութեան փարիններու մէկ մասը անցուցեր եմ իմ կնքահօրս փունը, ուր մեծ հաճոյքով կ'ունկնդրէի անոր նուագած երաժշտութիւնը։

Երբեմն մեր փուն այցելելու ժամանակ, կնքահայրս իր *ակորտիոնը* իր հետ կը բերէր եւ մեր փունը կ'ողողուէր երաժշտութեամբ։ Այսպիսով իմ «ականջներս լեցուեր էին» երաժշտութեամբ։

Այն նախակրթարանը, ուր ես կը յաճախէի, երաժշտական դասընթացներ չէր մատուցեր, որ աշակերտները սորվէին որեւէ մէկ երաժշտական գործիք նուագել կամ պարզապէս երաժշտութեան հիմնական զիտելիքներ հաւաքէլ։ Կային շաբաթական երկու կամ երեք երաժշտութեան դասեր, որոնց իւրաքանչիւրը կը փեւէր մօփաւորապէս մէկ ժամ։ Ես երբեք գեղեցիկ ծայն չեմ ունեցած, հետեւաբար միայն միջակ նիշեր կը սպանայի հոն։ Ունէի դասընկերներ եւ դասընկերուհիներ, որոնք գեղեցիկ ծայն ունէին եւ հայերէն երգեր կ'երգէին երաժշտութեան դասին եւ կը սպանային բարձր նիշեր ու մեր ուժգին ծափահարութիւնները։

Նոյն դրութիւնը չէր փիրեր այն երկրորդական վարժարանէն ներս, ուր յաճախեցի երկու փարի, նախքան մեր ընտանեօք փոխադրութիւնը դէպի Լիբանան։ Այդ դպրոցէն ներս կը սորուէինք սույֆէժը, բայց չկար որեւէ նուագարան նուագելու դասընթաց։ Սակայն կային աշակերտներ եւ աշակերտուհիներ, բարեկեցիկ ընտանիքներու զաւակներ, որոնք փոքր տարիքէն արդէն նուագարաններ կը նուագէին – դաշնամուր, ջութակ, *ակորդիոն*, փողերային գործիքներ, եւայլն։

Դասարաններէն ներս երաժշտութեան դասերը անխախտիր նոյն ձեւով կ՚ընթանային։ Աշակերտները, ըլլան անոնք յապուկ երաժշտական զիտութեան փեր եղող կամ ոչ, դասարաններէն ներս միեւնոյն ուսմունքին ենթակայ էին։ Աշակերտներուն կը տրամադրուէին նոթայի փեթրակներ, որոնք կը ներկայացնէին զանազան հայերէն եւ այլ լեզուներով երգերու նոթաները։ Ուսուցիչը նախ մաս առ մաս ինքը կը հնչեցնէր երգի մը եղանակը, զոր մենք եւրբը կը կրկնէինք։ Ապա աշակերտները կը կրկնէին ամբողջ եջի մը պարունակութիւնը, առանց ուսուցիչի օգնութեան։ Ուսուցիչը աշակերտներու ընկալման մակարդակը կը գնահատէր երբ աշակերտները մէկ առ մէկ կը հնչէին նոթափեթրի այս կամ այն էջին պարունակութիւնը։ Իմ ձայնս գեղեցիկ չէր, սակայն ես անսխալ կը հնչէի որեւէ էջի պարունակութիւնը։ Երեւի կնքահորս նուագած երաժշտութիւնն իր ազդեցութիւնը ունեցեր էր վրաս։ Ուսուցիչը գոհ էր երաժշտութեան դասերուն վերաբերեալ իմ ցուցաբերած կարողութենէս։

Պապահեցաւ, որ այդ երկրորդական վարժարանը յաճախելուս առաջին փարին, երկրի արուեստի նախարարութիւնը երաժշտական մրցաշար մը կազմակերպեց, երկրի բոլոր շրջաններուն մէջ։

Մրցաշարին պիտի մասնակցէին երկրին բոլոր երկրորդական վարժարանները։ Մեր դպրոցի փնօրէնութեան պատուէրով, երաժշտութեան ուսուցիչս գործի անցաւ։ Շուփող մօտաւորապէս վաթսուն աշակերտի եւ աշակերտուհի ընդրուեցան, քառածայն երգչախումբ մը սփեղծելու նպատակաւ, որոնց վրայ աւելցաւ աշակերտներէ կազմուած նուագախումբ մը:

Ի հարկէ, երգչախումբի անդամներ ընտրուեցան անոնք, որոնք թէ՛ նօթաները ճշգրիտ ծեւով կը հնչէին եւ թէ համեմատաբար գեղեցիկ ձայն ունէին: Ես դուրս մնացի այս ցանկէն:

Աւելի վստահ ըլլալու համար, որ ընտրուած աշակերտներն ու աշակերտուհիները ունակ էին յաջող երգչախումբի մը համար, մեր երաժշտութեան ուսուցիչը յայտուկ քննութիւն մը եւս աւելցուց ուսանողներու կարողութիւնները սփուզելու համար: Դասաւանդութեան պահուն իր ձեռքին ունէր երաժիշտներու յայտուկ ձայնացոյց մը, որ կը բաղկանար քանի մը սուլիչներէ:

Այդ սուլիչներէն իւրաքանչիւրը կը ներկայացնէր պարբեր նօթա մը: Երբ ուսուցիչը սուլէր, աշակերտը պարտէր կռահել թէ ճշգրիտ ո՛ր նօթան էր այդ սուլոցը:

Իմ դասընկերներէս մէկը, որ թէեւ փոքր տարիքէն սկսեալ դաշնամուր կը նուագէր, պիտի մասնակցէր որպէս երգչախումբի անդամ, իր գեղեցիկ ձայնին սիրոյն:

Սոյն դասընկերիս անունը այժմ չեմ յիշեր, այնպէս որ պապմութեանս սահուն ընթացքին համար զինքը պիտի կոչեմ Զարեհ: Կապակասէր եւ ընկերասէր փղայ մրն էր Զարեհը, նաեւ գերազանց՝ գրեթէ բոլոր ուսումնական նիւթերուն մէջ:

Օր մը պատահեցաւ, որ երաժշտութեան դասաւանդութեան ժամանակ ուսուցիչը ձայնացոյցի օգնութեամբ կը սփուզեր աշակերտներուն ունակութինը՝ նօթաները յայտնա-

բերելու վերաբերեալ։ Հերթը հասաւ Զարեհին։ Առաջին նո-
թան ճշգրտօրէն կռահելէ ետք, Զարեհը անփութօրէն սխա-
լեցաւ յաջորդ երկու երեք անգամներուն։ Կարծես միտքով
մէկ այլ տեղ էր։ Ուսուցիչը սաստեց զինք, ըսելով.

— Ա՛յ տղայ, միտքդ կեդրոնացուր, շատ գործ կայ ընելիք։

Ուսուցիչը քանի մը անգամ եւս կրկնեց սպուգումը,
սակայն Զարեհը միայն մէկ անգամ ճշգրիտ պատասխան
փուաւ։ Ուսուցիչը թէեւ ընդհանրապէս հանդարտ մարդ մըն
էր, սակայն ժամանակի դէմ մրցման մէջ էր։ Մրցաշարը միայն
քանի մը ամիս ետք փեղի պիտի ունենար եւ այս բոլորը
կարծես անոր շիդերը կը խանգարէին։ Երբ Զարեհը անգամ
մըն ալ սխալ պատասխան փուաւ, ուսուցիչը պոռթկաց.

— Տղա՛յ, դուն փոքր պարիքեդ դաշնամուր կը նուագես,
իրաւունք չունիս սխալելու.

Ապա, դէպի իմ կողմս դառնալով` ցուցամատով մատ-
նանշեց զիս ըսելով.

— Դո՛ւն, տղայ, եկու՛ր փեսնեմ.

Նպարանեւս ելայ եւ ուսուցիչիս ամպիոնին առջեւ,
Զարեհին մօտ որբի կայնեցայ։ Խօսքը ինծի ուղղելով, ըսաւ.

— Ընելիքդ գիտես.

Ապա, մէկ առ մէկ սուլեց իր ձայնացոյցը եւ իրաքան-
չիւր անգամ եւս ճշգրտօրէն կռահեցի համապատասխան նո-
թան։ Գործընթացը կրկնուեցաւ Զարեհին հետ, որ սակայն
դարձեալ քանի մը անգամ սխալեցաւ։ Այս անգամ խիստ
դժգոհութիւնն ու յուսախաբութիւնը յստակօրէն փեսանելի էր
ուսուցիչիս դէմքին։ Սակայն, բարի եւ զուսպ անձնաւո-
րութեան փէր մարդ մըն էր ան եւ երբեք չէր պատահած, որ
այս կամ այն աշակերտին դէմ իր բարկութիւնը յայտնէր։
Այսուհանդերձ, իր ուսերուն վրայ զետեղուած պարտականու-

թիւնը այնքան մեծ էր, որ ան իր բարկութիւնը դրսեւորեց՝ ձայնագոյգը իր ակռաներուն մէջ սեղմելով ու գործիքը ծռմռեցաւ: Ձեռքի արագ շարժումով ոչ–պիտանելի դարձած գործիքը աղբամանին մէջ նետեց եւ յուսահատած ձայնով՝

– Անցէ՛ք ձեր փեղերը:

Ես հազիւ իմ նստարանիս վրայ նստեր էի, երբ ուսուցիչը դարձեալ խոսքը ինծի ուղղելով.

– Դու՛ն, վրայ, զբոսանքի պահին իմ մօտս ուսուցչարան եկուր:

Ես չեմ կարծեր, որ Ջարեհը իսկապէս կարողութիւն չունէր նոթաները կռահելու, ի մտի ունենալով որ փոքր պարիքէն արդէն դաշնամուր կը նուագէր: Երգչախումբի ելոյթին ալ իր կարողութիւնը փաստեց: Այդ օրը պարզապէս անհոգ էր եւ միտքը դասին վրայ չէր կեդրոնացած: Ինծի համար պատկերը նման էր մարգիչի մը, որ վարպետ լողորդին կը բացատրէ թէ իր ձեռքերն եւ ոտքերը ինչպէ՛ս պիտի շարժէր, երբ ջրաւազանին մէջ նետուէր: Սակայն այս առիթ եղաւ, որ ուսուցիչս ինչ որ բանի մը ձեռնարկէր... Զբոսանքի պահուն ես հազիւ ուսուցչարանի դռան մօտեցեր էի, դուռը բացուեցաւ եւ դուրս եկաւ երաժշտութեան ուսուցիչս: Ձեռքին կար նամակի փակ պահարան մը:

– Հա, եկա՛ր վրայ: Այս նամակը մօրդ յանձնէ:

Ուսուցիչներս տեղեակ էին այն մասին, որ հայրս անկողնին քամուած էր, հետեւաբար բնական էր, որ նամակը մօրս պէտք էր ուղղուեր: Սակայն հաւանաբար չէին գիտեր, որ այսուամենայնիւ՝ մայրս պիտի կարդար այդ նամակը, որովհետեւ հայրս գրել կարդալ չէր գիտեր:

Նոյն օրը ես նամակը մօրս յանձնեցի: Շատ կարճ գրութիւն մրն էր: Մրովին կարդաց, ուրախութեան ժայիտ մը երեւաց դէմքին, ապա զիս համբուրեց եւ նամակը իմ ձին յանձնեց: Ոչ մէկ բառ անգամ չփոխանակեցինք: Նամակին պատասխանը յպրակ էր մեր երկուքին ալ:

Մեներակին մէկ անկիւնը առանձնացայ եւ կարդացի նամակին պարունակութիւնը: Ուսուցիչս եւ դպրոցի վնoրէ-նութիւնը միասնաբար կ'առաջարկէին, որ ես յատուկ երամ²կտութեան դասընթացքի հետեւիմ ու սորվիմ իմ ընտրած գործիքը նուագել: Դպրոցի հոգաբարձութիւնը պիտի հոգար պէտք եղած ծախսերուն մէկ մասը: Նամակը կը շեշտէր երամ²կտութեան ուսումի անհրաժեշտութիւնը, սա-կայն մեր ընտանեկան պայմանները չէին ներեր:

Ես յաջորդ օրն իսկ մօրս շնորհակալութիւնը յայտնեցի վնoրէնութեան, այս առիթը ընծայելուն համար:

Երեկոյեան, երբ կ'արձակուէինք դպրոցէն, ես եւ դա-սընկերներս մեր փունները կը վերադառնայինք քալելով, երբ եղանակը յարմար կ'ըլլար: Հաճելի էր խումբով քալելը, ժամանակը աւելի հեշտ կ'անցնէր:

Օր մը, երգչախումբի փորձերը սկսելէն երկու շաբաթ եարք, այնպէս պատահեցաւ, որ դասընկերներէս ոմանք, որոնց հետ ես յաճախ երեկոները քալելով փուն կը վերա-դառնայի, այդ օր պիտի մասնակցէին փորձերուն, որովհետեւ անոնք ալ երգչախումբի մասնակիցներն էին: Յաջորդ օրուայ դասերս հեշտ էին, ուստի որոշեցի փորձերուն աւարտին սպասել եւ ապա դասընկերներուս հետ փուն վերադառնալ: Անոնցմէ մին ինծի խորհուրդ փուաւ որ ես ալ միանամ իրենց եւ նստիմ մեծ սրահին աթոռներէն մէկուն վրայ, երգչախումբի անդամներէն քիչ մը հեռու: Միասին պիտի քալէինք դէպի մեր փունները, փորձերու աւարտէն երբ: Ես համաձայնեցայ եւ պատշաճ փեղ մը գտնելով, աթոռի մը վրայ նստայ: Պա-

յուսակեզ գիրք մը հանեցի, որպէսզի զբաղելու համար ըն-
թերցեմ մինչեւ փորձերուն աւարտը:

Շուտով փորձերը սկսան: Երբեմն ընթերցումս կ'ընդ-
հապէի եւ պատահականօրէն կը դիտէի քիչ մը անդին փեռի
ունեցող երգեցողութիւնը: Ուսուցիչս երգչախումբին հետ
սովորական իր աշխատանքը կը կատարէր, երբեմն դիտո-
ղութիւն ընելով այս կամ այն աշակերտի սխալ հնչիւնին
վերաբերեալ: Իր դիտողութիւնը աշակերտներէն մէկուն ուղ-
դելու ժամանակ, նկատեց իմ ներկայութիւնս եւ՝

— Դուն ինչո՞ւ խումբէն հեռու նստեր ես:

— Ես երգչախումբի անդամ չեմ, պարոն: Պարզապէս կը
սպասեմ փորձերու աւարտին, որպէսզի...

— Մօտեցի՛ր եւ միացի՛ր խումբին: Դուն ալ պիտի երգես
թալ միատրին հետ,— խօսքս կիսաւարտ թողելով հրահանգեց
ուսուցիչս:

Այս անսպասելի հրաւէրը պահ մը ցնցեց զիս: Սակայն
շուտով ինքզինքս հաւաքեցի եւ միացայ խումբին: Թէեւ
ճշգրիտ կ'երգէի երաժշտութեան դասաւանդութեան պահե-
րուն, սակայն հնչուն ձայն չունէի: Այսուհանդերձ, երգչախում-
բի բոլոր փորձերուն մասնակցեցայ եւ ոչ մէկ պարբերութիւն
ունէի մնացեալ մասնակիցներէն՝ ճշգրիտ կատարողութեան
փեսակեւէ:

Ելոյթը փեռի ունեցաւ դպրոցական տարին աւարտելէ
մօտաւորապէս մէկ ամիս առաջ: Հարկ չկայ աւելցնելու, որ
մեր խումբը ամբողջ երկրի առաջինը դուրս եկաւ:

Երգեցինք հայերէն, արաբերէն եւ անգլերէն, բոլորն ալ
քառաձայն: Ես միջոցը չունէի իմանալու, թէ որեւէ այլ երգ-
չախումբ այդ մրցոյթին քառաձայն երգե՞ց թէ ոչ, սակայն մենք
շուտով իմացանք, որ Սուրիոյ մշակոյթի նախարարութիւնը

մեր երգչախումբին հրաւէր յղեր էր, որպէսզի այցելենք երկրի մայրաքաղաքը՝ Դամասկոս եւ երգենք այդ քաղաքի սրահներէն մէկուն մէջ։ Սակայն դժբախտաբար, սոյն ելոյթը փեղի չունեցաւ։ Երկրի կառավարութիւնը այդ փարի արգիլեց որեւէ արուեսփի ելոյթ, այն պատճառաւ որ երկիրը սուգի մէջ էր։ Նախորդ փարին երկիրը պապերագմած էր եւ շափ մարդկային կորուսփներ ունեցած էր, ուսփի կառավարութիւնը պապշած չէր համարած նման համերգներու կայացումը։

ՈՒՍՈ՛ՒՄ, ԹԷ ԱՐՈՒԵՍՏ

Այդ նեղ օրերէն մէկն էր, երբ ես երկրորդական վարժարանի առաջին դասարան կը յաճախէի: Մէկ կողմ քաշուած՝ դասագիրքերս կը կարդայի, երբ հայրս՝ մօրս ներկայութեան, ինծի դիմեց առաջարկով մըն.

– Տղա՛ս, կը հասկնամ որ կարդալ կը փափաքիս, ես ալ կ՚ուզեմ որ բարձր ուսում ունենաս: Սակայն կը տեսնես վիճակնիս, հացի դրամ չունինք: Դուն նախակրթարանը աւարտեցիր, միւս ընկերներուդ պէս թո՛ղ ուսումը եւ արհեստի աշխատանք մը գտիր: Եկամուտիդ կարիքը ունինք:

Ես լուռ մտիկ ըրի հօրս խօսքերը: Իրաւունք ունէր:

Իմ աշխատանքովս ո՛չ միայն բեռ մը պիտի պակսէր իր ուսերէն՝ որպէս դպրոցական ծախսեր, այլեւ ես պիտի սկսէի նիւթապէս օգնել ընտանիքիս, աշխատանքիս վարձատրութեան շնորհիւ:

Պէտք է աշխատէի՝ ընտրելով որեւէ մէկ արհեստ, որ առկայ էր քաղաքէն ներս, որքան որ ալ ինծի համար անախորժ ըլլար այդ ընտրութիւնը: Եւ ահա իսկոյն գաղափար մը ծագեցաւ մտքիս մէջ, այնպէս ինչպէս կը պատահի, երբ մարդ արարածը եղբ մը կը գտնէ նեղ կացութեան վերջին պահուն:

Ես կը սիրէի ձեռքի ժամացոյցներ քակել եւ վերսփին հաւաքել: Այս գործողութիւնը կը կատարէի որպէս ժամանց: Հետաքրքիր էր թէ ի՛նչպէս կ՚աշխատէին ինծի համար կախարդական այդ գործիքները:

Կը պատահէր, որ ընտանիքի անդամներէն մէկուն ժամացոյցը կանգ առնէր: Ես շուտով պտուտակիչով ժամացոյցին կափարիչը կը բանայի, փեսնելու համար սովորական աշխատանքի արգելքը որն էր: Մեծ մասամբ կը յաջողէի նորոգել, երբ խնդիրը պարզ բան էր: Օրինակ՝ կը գտնէի, որ զսպանակը ժանգոտած էր, ուստի արհեստական իւղով կը մաքրէի ժանգը եւ ահա ժամացոյցը իր նախկին վիճակին կը վերադառնար: Երբեմն մանր պտուտակ մը փեղծ շարժած կ՚ըլլար եւ այդ պտուտակն իր փեղը ամրացնելով՝ ժամացոյցը դարձեալ կ՚աշխատէր: Այս կարողութիւնս իմանալով, յաճախ մեր հարեւաններէն ոմանք ինձի կը դիմէին, իրենց ձեռքի ժամացոյցները նորոգելու համար եւ ես մեծ մասամբ կը յաջողէի առաքելութեանս մէջ: Եթէ պապահէր, որ խնդիրը իմ գլխէս վեր էր, կափարիչը իր փեղը կ՚ամրացնէի ու կը պատուիրէի ժամագործի դիմել:

Փափաքս էր իւրացնել այդ արհեստը, զոր շատ կը սիրէի:

Ես ունէի գեղարուեստի ուսուցիչ մը, պարոն Եղիան, որ միեւնոյն ժամանակ ժամագործ էր ու քաղաքի կեդրոնի մօտակայքը կրպակ մը ունէր: Շաբաթը միայն երկու օր մեր դպրոցէն ներս կը դասաւանդէր: Մնացեալ ժամերուն իր կրպակին մէջ ժամացոյցի նորոգութեամբ կը զբաղէր:

Յաջորդ օրն իսկ մեր դասարանն էր, սովորական գեղարուեստի դասի համար:

Դասընթացի աւարտին, նախքան դասարանէն դուրս գալը, վարանելով մօտեցայ պարոն Եղիային, խրնդրանքով մը:

— Պարոն, զիս որպէս աշկերտ կ՚ընդունի՞ք ձեր կրպակէն ներս: Պատրաստ եմ շաբթուայ ընթացքին աշխատիլ, երեկոյեան դպրոցէն արձակուելէ ետք:

Արձակուրդներուն եւ ամառը կ՚աշխատիմ ամբողջ օրը:

– Տղա՛ս, լաւ մտածեր ես, կը յարգեմ որոշումդ:

Սակայն ես մեծ եկամուտ չունիմ, որ կարողանամ քեզի ալ բաժին հանել որպէս աշխատանքիդ վարձատրութիւն:

– Խնդիր չէ պարոն, ես առանց վարձատրութեան կ'աշխատիմ: Միայն թէ սորվիմ այս արհեստը:

Այս խոսքերուս վրայ, պարոն Եղիան աչքերը այնքան լայն բացաւ, որ ես վախցայ թէ աչքերը յանկարծ իրենց խոռոչներէն դուրս իյնան:

– Տղա՛ս, դուն խելացի տղայ ես, պէտք է ուսումիդ վրայ կեդրոնանաս, արհեստը միտքէդ հանէ,– խրատեց զիս պարոն Եղիան:

Կ'ենթադրէի, որ պարոն Եղիան զիս որպէս մրցակից սեպեց: Արհեստը սորվելէ ետք ես կարողութիւն կ'ունենայի իմ փան սենեակէս աշխատիլ որպէս ժամագործ՝ անհրաժեշտ գործիքները գնելով: Իսկ ես մտադիր էի ճիշդ այդ ընել:

Վերջին առիթը սպառելէ ետք, ինծի կը մնար միայն մէկ պարբերակ,– դպրոցը լքել եւ գործ մը գտնելով աշխատիլ որեւէ մէկ արհեստի ասպարէզի մէջ: Սակայն ինծի օգնութեան հասաւ Լիբանան ապրող քոյրս: Մայրս ամէն շաբաթ քրոջս հետ կը նամակցէր: Վերջին նամակով անոր բացատրեր էր մեր փան իրադարձութիւնները, կապուած՝ իմ ուսումնական կեանքիս հետ: Քոյրս իր ամուսնու բաջալերանքով, որոշեր էր իմ ուսումնական ծախսերս ամբողջութեամբ հոգալ: Եւ իսկապէս, յաջորդ քանի մը փարիններուն քոյրս անհրաժեշտ բոլոր գումարները վրամադրեց, նոյնիսկ երբ մենք ընտանեօք Լիբանան փոխադրուեցանք:

Ալելի՛ն: Մեր վարժարանի փնօրէնութիւնը, նկապի առնելով մեր ընտանիքի փնտեսական վապթար վիճակը, որոշեց զիս անվճար ընդունիլ դասարանէս ներս: Այս իմանալով հանդերձ՝ քոյրս շարունակեց իր խոսպացած գումարները յանձնել մորս: Այսպիսով, ես ոչ թէ բեռ եղայ ծնողքիս ուսերուն, այլ անուղղակիորէն նոյնիսկ փնտեսապէս օգտակար եղայ ընտանիքիս:

Նախակրթարանի վերջին դասարանս աւարտելու նախօրեակին, ինծի մէկ այլ գեղեցիկ առիթ ընձայուեցաւ ուսումս աւելի հեշտութեամբ շարունակելու համար:

Կեսօրէ եարք էր, օրուայ վերջին գրոսանքի պահին դպրոցի բակն էինք: Ինծի մօտեցաւ ուսուցչուհիներէս մին, ըսելով որ դպրոցին փնօրէնը ինծի ինչ որ ըսելիք բան մը ունի: Ուսուցչուհիս խնդրեց, որ օրուայ վերջին դասէն եարք, նախքան փուն մեկնիլս, փնօրէնութեան սենեակ հանդիպիմ:

Երբ փուեալ ժամուն փնօրէնի սենեակը մբայ, հոն էին նաեւ քանի մը ուսուցիչներ: Ջիս կանչեր էին առաջարկով մը: Եթէ ես եւ ծնողքս հաւանութիւն փայինք, երկրորդական ուսումս պիտի շարունակէի Կիպրոսի Նիկոսիա քաղաքի Մելգոնեան Կրթական Հաստապութեան մէջ: Այս առաջարկը ընդունելու պարագային, նոյն փարուայ աշնան պիտի մեկնէի Կիպրոս: Ամբողջ անհրաժեշտ ծախսերը, ներառեալ՝ ուսում, կեցութիւն, ուտելիք, եւայլն, պիտի հոգար Հայկական Բարեգործական Ընդհանուր Միութիւնը: Ծնողքս պիտի վճարէին միայն ճամբորդութեան ծախսը:

Ես մեծ խանդավառութեամբ դուրս եկայ փնօրէնութեան սենեակէն: Ինծի համար նորութիւն մը պիտի ըլլար երկիրէն դուրս գալով մեկնիլը այլ երկիր մը, որուն ուր ըլլալը նոյնիսկ չէի գիտեր: Անշուշտ, մեծ բեռ մըն ալ պիտի իջնէր հորս ուսերէն, որովհետեւ անհրաժեշտ էր միայն օրանաւի փոմսի մը գումարը գտնել: Ես արագ քայլերով կը շտապէի փուն հասնիլ, սակայն կարծես թէ այդ օրը ճամբան աւելի երկար էր, քան` այլ օրերուն:

Ճամբան քալած ատենս կը մտածէի, որ քոյրս կրնար հոգալ ճամբորդութեան ծախսը, քանի արդէն խօսք տուեր էր օգնութեան հասնիլ ինծի դպրոցական այլ ծախսերուս համար:

Նախ մայրս մեծ խանդավառութեամբ դիմաւորեց այս լուրը, լայն ժպիտ մը երեւաց դէմքին վրայ եւ ջերմ համբոյր մը դրոշմեց ճակատիս: Ապա ժպիտը վերածուեցաւ վիշտի եւ պահ մը մտածելէ ետք.

– Սպասէ՛, քիչ մը մտածեմ, հօրդ հետ խորհրդակցիմ եւ յետոյ որոշում մը կ՚առնենք: Վաղը փնօրէնին ըսէ` մեզի քիչ մը ժամանակ թող տայ:

Ի հարկէ մօրս խնդրանքը յաջորդ օրն իսկ փնօրէնին փոխանցեցի: Վերջինը իր համաձայնութիւնը տուաւ:

Մայրս մէկ շաբաթ մտածեց: Խորհրդակցեցաւ հօրս հետ, որ մասամբ համամիտ էր սոյն առաջարկին: Կը մնար մայրս իր որոշումը առնէր: Այդ ժամանակ ծնողքիս խօսքը մեզի համար որպէս օրէնք կ՚ընդունուէր, ո՛չ թէ որովհետեւ իրենց կամքը կը պարտադրէին, այլ որովհետեւ մենք կը գիտակցէինք թէ իրենց որոշումները մեր օգտին էին: Մեծ էր անոնց սէրը իրենց զաւակներուն նկատմամբ:

Կիրակի երեկոյ մըն էր: Յաջորդ օրը իմ ծնողքիս որոշումը պիտի փոխանցէի դպրոցի փնօրէնութեան:

Մայրս խոհանոցն էր, որ կը գտնուէր բակին մէկ անկիւնը եւ սուրճ կը պատրաստէր: Հայրս *գրիւանին* վրայ ընկողմանած` կը սպասէր սուրճին: Մայրս, իր մտածմունքին մէջ միխճուած ըլլալով` մոռցեր էր շաքարամանը հետը վրանելու խոհանոց:

– Մանո՛ւկ, փղաս, շաքարը բեր:

Ես իսկոյն շաքարամանը տարի իր մօտ եւ հազիւ քանի մը քայլ առեր էի վերադառնալու նպաստենեակ, մայրս դարձեալ զիս կանչեց.

— Մանո՛ւկ, ո՛ւր կ՚երթաս, եկո՛ւր:

— Հա՛ մամա, ի՞նչ կայ,— եւ դառնալով հարցուցի:

Մայրս պահ մը աչքերը դէմքիս սեւեռեց, մէկ ձեռքը ուսիս դրաւ ու իր ափով ուսս այնպէս սեղմեց, որ կարծես կ՚ուզէր նոյն տեղը յաւիտեան անշարժ մնայի: Աչքերը թեւ դէմքիս սեւեռած էին, սակայն հայեացքը աւելի հեռու կը թուէին: Քիչ մըն ալ սարսափի կար դէմքին: Ապա զիս համբուրեց, ձեռքը ուսես վերցուց եւ ուշադրութիւնը սուրճի ամանին դարձնելով.

— Լա՛ւ, տղա՛ս, սենեակ վերադարձի՛ր, ես շուտով կուգամ:

Ինծի համար դժուար չէր կռահել թէ մօրս միտքէն ի՞նչ կ՚անցնէր: Քիչ եւթք, երբ հայրս ու մայրս սուրճ կը խմէին, մայրս խօսքը ինծի ուղղելով դողդողացին ձայնով ըսաւ.

— Վաղը առաւօտ գնա՛ դպրոցի փնօրէնին գրասենեակը եւ ըսէ՛ որ մայրս չի կրնար դիմանալ երկրէն իմ հեռանալուս...

Յաջորդ օրը, մօրս պատուէրը կատարեցի: Այսպիսով վերջ գտաւ այն երագը, որ ամբողջ մէկ շաբաթ երագեցի այդ դպրոցին մասին, զոր շապերէն լսեր էի: Սակայն տարիներ եւթք, երբ Կիպրոսի մէջ ընտանիք կազմեցի, երկու մանչերս նոյն դպրոցը յաճախեցին: Աւելի՛ն: Ես երեք տարի նոյն դպրոցէն ներս ծառայեցի, որպէս հերթապահ:

Սակայն ասոր մասին կը պատմեմ այլ առիթով:

Այն թաղամասը, ուր ես կը բնակէի կեանքիս առաջին տասնեարկու տարիներուն, գրեթէ զուրկ էր ինքնաշարժներու երթեւեկութենէն, որովհետեւ քաղաքի ծայրամասը կը գտնը-ւէր: Մենք ազատ կը խաղայինք այդ թաղերուն մէջ: Օրական միայն չորս կամ հինգ անգամ ինքնաշարժ մը կ՚անցներ մեր թաղէն։ Մենք, երեխաներս, իսկոյն կը դադրեցնէինք մեր խաղը եւ մայթերու վրայ կը բարձրանայինք։ Ինքնաշարժը հագիւ հեռանար, կը վերսկսէր մեր խաղը։

Վիճակը նոյնը չէր այն թաղին, ուր մեր նոր փունը կը գտնուէր։ Քաղաքին աւելի մօտ էր, հետեւաբար ինքնաշարժներու կանոնաւոր երթուգեռ կար։ Գնդակ խաղալու համար մենք կը սպիպուէինք ընտրել ազատ դաշտեր, որոնք մեր փունէն բաւական հեռու էին։

Կարօտով կը յիշէի այն մեծ թիւով ազատ դաշտերը, որոնք կը գտնուէին մեր հին փան շրջակայքին։ Սակայն դժգոհ չէի նոր վիճակէն, որովհետեւ մենք հիմա աւելի մօտ էինք քաղաքի կեդրոնին, բան մը, որ ինծի թոյլ կու պար աւելի մեծ յաճախականութեամբ քաղաքի կեդրոնը այցելել։ Հոն աւելի երթուգեռ կար եւ ես կը սիրէի երթուգեռը։ Կը սիրէի նաեւ հոն գտնուող շարժապատկերներու սրահները այցելել, ան-շուշտ երբ անհրաժեշտ գումարը ունենայի։ Մենք այդ շրջա-նին մէջ բնակեցանք միայն չորս փարի, որմէ երբք բնակութիւն հասպապտեցինք Լիբանանի Պէյրութ քաղաքին մէջ։

Մինչեւ պասներկու պարեկան հասակս, շարժապատ-կերներու սրահները կ՚այցելէի եղբօրս հետ, որ ինձմէ ութ փարիով մեծ էր։ Առաջին անգամ առանց եղբօրս հովանիին շարժապատկերի սրահը այցելեցի երբ պասներկու պարիս բոլորեցի։ Այս «արկածախնդրութեանս» մէջ ինծի ընկե-րացաւ Հրաչը, իմ ամէնամտերիմ դասընկերս մանկապար-պէզի եւ նախակրթարանի պարիներուս։ Հրաչը նախա-կրթարանի ուսումը աւարտել երբք, արիեսփի ասպարէզ մտաւ։

Այդուհանդերձ, մենք երկուքս շարունակեցինք մնալ

մտերիմ ընկերներ:

Շաբթուայ ընթացքին Հրաչը զբաղած կ՚ըլլար իր աշխատանքով, իսկ ես՝ դպրոցական դասերով: Կիրակի օրերը, սակայն, մենք դարձեալ միասին էինք: Առաւօտը կը սկսէինք պտոյտով մը հեծանիւի վրայ: Հրաչը թէեւ կ՚աշ-խատէր եւ ամէն Շաբաթ օրերը վարձատրութիւն կը ստանար, սակայն իր վարձատրութեան մեծ մասը կը յանձնէր մօրը: Բազմանդամ ընտանիքի զաւակ էր եւ իր վաստկած գումարին կարիքն ունէին ընտանիքի անդամները:

Ուստի մենք երկուքս մէկ հեծիկ կը վարձէինք եւ ծախսերը կը կիսուէինք: Ես աւելի յաղթանդամ էի, այնպէս որ հեծանիւը ես կը վարէի, իսկ Հրաչը կը նստէր հեծանիւի յետսամասին վրայ փեղաւորուած նստարանին վրայ:

Քանի մը ժամ քաղաքի զանազան թաղամասերուն մէջ պտտելէ ետք, մենք հեծանիւը կը յանձնէինք հեծանիւներու վարձոյթի խանութի փիրոջ եւ իւրաքանչիւրս իր փունը կը վերադառնար քալելով: Կէսօրէ ետք, մենք դարձեալ կը հան-դիպէինք սկիզբէն որոշուած տեղ մը եւ քալելով կ՚ուղղուէինք դէպի շարժապատկերի սրահները:

Հրաչը վերջին անգամ տեսայ, երբ փասանվեց փարեկան էի: Նսփեր էի թաքսիի մը մէջ, որ կանգ առած էր քաղաքի հրապարակին գփնուող թաքսիներու կայանին դիմաց, հանրակառքի կայանին շափ մօտիկ: Հեփս կար մեծ քոյրս իր ամուսնոյն եւ երկու փարեկան մանչին հեփ: Թաքսիին վարորդը զբաղած էր անհրաժեշփ փասփաթուղթերը պափ-րասփելով: Քիչ եփք պիփի շարժէինք դէպի Լիբանան: Մենք հօրս հողին յանձնել էինք քանի մը շաբաթ առաջ, նախքան քրոջս ժամանումը Հալեպ: Քոյրս որոշեր էր, որ մենք ըն-տանեօք փոխադրուինք Լիբանան:

Քոյրս այս միակողմանի որոշումը առեր էր, որովհետեւ փականին մեծ հեղինակութիւն ունէր մեր փան մէջ, թէեւ ամուսնացած էր եւ իր ամուսնոյն հետ զատ ընտանիք կազմեր էր: Առաջին հերթին, ես պէտք է մեկնէի Լիբանան, որովհետեւ շուրով պիտի սկսէր նոր դպրոցական փարեշրջանը եւ պէտք էր դպրոց արձանագրուելի յաջորդ փարուան համար: Իսկ մայրս, եղբայրս եւ միջնեկ քոյրս մեզի պիտի միանային շաբաթներ ետք:

Թաքսիին եփելի նպարանին նպաձ՝ բաց պապուհանին մօտ, կը դիպէի փողոցի եռուգէռը: Առաւօտ էր: Հանրակառքէն իջնող ուղեւորները ամէն ուղղութեամբ կը քալէին: Ումանք շրջանին մէջ գտնուող խանութներու փերերն ու աշխապաւորներն էին, ումանք՝ մօտակայ արհեստպանոցներու վարպետներ եւ աշխապաւորներ, ումանք ալ յաճախորդներ՝ կերպասի, կօշիկի, հագուստի եւ այլ խանութներէն ինչ որ բան գնել կամեցողներ:

Նկապեցի որ հանրակառքէն նաեւ դուրս եկաւ Հրաչը եւ սկսաւ քալել դէպի այն թաքսին, որուն մէջ ես նստեր էի: Թաքսիին մօտէն անցնելու ժամանակ, պապահաբար նայեցաւ իմ կողմս եւ ապշած՝ կանգ առաւ ճիշդ պապուհանիս առջեւ:

– Օ՞ր այսպէս, Մանուկ:

– Լիբանան կը մեկնիմ, Հրա՛չ,– պապասխանեցի, խեղդուկ ձայնով, այնպէս ինչպէս յանցագործ մը պիտի խոսէր իր յանցանքը ընդունելու ժամանակ:

– Լիբանան, հը՞– հարցուց Հրաչը:

Վերջին հարցումի երանգին մէջ մեղադրանքը յսպակ էր: Ես վերջնականօրէն կը հեռանայի երկրէն, առանց փեռնեալ պահելու իմ ամէնամտերիմ ընկերը եւ սա բնականաբար վրդովմունք պապճառեց ընկերոջս։ Երկուքս ալ լռութիւն պահած՝ կը սպասէինք թէ առաջ ո՛վ խօսք պիտի առնէ։ Այդ քանի մը վայրկեաններր, սակայն, ինծի դարիներու չափ երկար թուացին։ Վերջապէս խօսք առաւ Հրաչը։

— Ես պէտք է երթամ, կ'ուշանամ,— եւ արագ քայլերով հեռացաւ։

— Հրա՛չ,— խեղդուկ ձայնով կանչեցի մէկ ձեռքս պատուհանէն դուրս երկարելով։

Սակայն չկրցայ որեւէ ուրիշ բառ արտասանել։ Յուզումը պատեց զիս։ Անկամայ վշտացուցեր էի Հրաչը։ Կը փափաքէի ամէնէն առաջ ընկերս փեղեակ պահել այսպիսի լուրջ քայլի մը մասին։ Սակայն իրադարձութիւնները այնքան արագօրէն զիրար յաջորդեցին, որ նոյնիսկ չկրցայ գէթ կարճ ժամանակի մը համար այցելել Հրաչին փունը, անոր հրաժէշտ տալու համար։

Ու թաքսին շարժեցաւ։ Հեռացանք հրապարակէն, անցանք քաղաքի դարձդարձիկ թաղերէն եւ ահա երեւցաւ մայրուղին՝ որ մեզ կը տանէր մէկ այլ երկիր, մէկ այլ անդորշ ապագայ...

ԱՄՓՈՓԱԳԻՐ

Հեղինակը Հալէպ քաղաքէն ներս ապրեր է իր կեանքի առաջին փասնվեց տարիներուն ու այդ ընթացքին ականատես եղեր է Մարաշէն, Մասունէն, Ուրֆայէն, Խարբերդէն եւ արեւմտեան Հայաստանի այլ քաղաքներէն ցեղասպանութենէն փրկուած ու Հալէպի մէջ ապաստան գտած իր ազգակիցներու ամէնօրեայ կեանքին:

Անոնք իրենց կեանքը կ'ապրէին կողք-կողքի, յաճախ իրենց հայրենի բարքերն ու սովորութիւնները շարունակելով այդ հիւրընկալ քաղաքէն ներս:

Հեղինակն իր սոյն գործով այդ առօրեայ կեանքը ընթերցողին կը ներկայացնէ զանազան դրուագներու ընդմէջէն, դիտուած՝ իր մանկութեան եւ պատանեկութեան ընկալումներու ակնոցով: Ան կը ներկայացնէ իր ազգակիցներու յուզումնալից անցեալէն եկած ցաւերը, անոնց ամէնօրեայ մտահոգութիւնները, նաեւ զիրենք միաւորող ու դեռ չխամրած աւանդական բարքերն ու կենցաղը:

Հայրս՝ ձախ կողմը, քսանական փարիզին, ընկերոջ մը հետ

Մեծ մայրս՝ Ֆերիդէ (նսփած), մօրեղբօրս՝ Սամուէլին,
մօրս՝ Հեւէնին եւ մօրաքոյրներէս մէկուն հետ

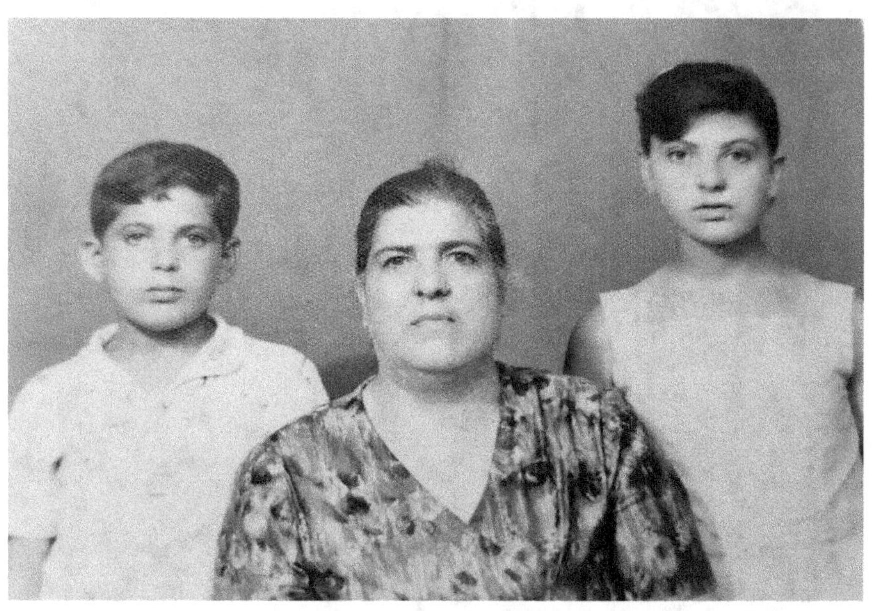

Մօրս՝ Հելէնին եւ քրոջս՝ Արփենիսին հետ:
Պափկերը անիրաժեշտ էր հայրենադարձութեան
ծրագիրին համար:

Քրոջս՝ Արփեմիսին հետ:
Չերքիս կայ մանկապարտէզի վկայականս, 1962թ.

Մանկապարտէզի աւարտական դասարան, 1962թ.
Կանգնած եմ եփեւէն երրորդ շարքը,
ձախէն երրորդ աշակերտը

Նախակրթարանի աւարտական դասարան, 1968թ.
կանգնած եմ եփելէն առաջին շարքը, աջէն առաջինը

Կնքահայրս՝ Գէորգը ակորտիոն կը նուագէ,
յիսունական թուականներուն

Կնքահայրս իր կօշկակարի խանութէն ներս,
իր թոռնիկին հետ

Կնքահայրս իր կոշկակարի խանութէն ներս,
իր թոռնիկին հետ։
Երկուքին ձեռքերուն կիսամշակուած
եկեղեցական հողաթափեր

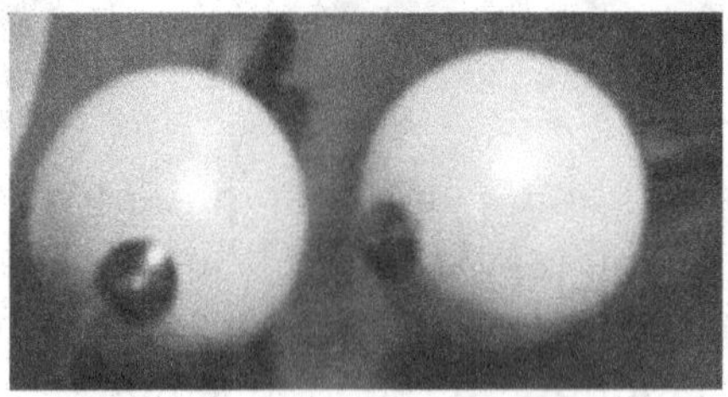

Կնքահայրս ձեռքին ճումպուշ մը։
Ներքեւի պատկերը ցոյց կու տայ Մարակաս
նուագարանի գործիք մը, զորս կնքահայրս պատրաստեր է

Կնքահօրս փդան՝ Սագօն, ակորտիոն կը նուագէ,
իննիսունական թուականներուն

Հրատարակիչ՝   Consider Consultancy,
                            Արաբական Միացեալ
                            Էմիրութիւններ
Պատասխանատու՝   Հրաչ Քալսահակեան
Սրբագրութիւն եւ էջադրում՝ Մարալ Տիքպիքեան

Publisher: Consider Consultancy, UAE
Supervisor: Hrach Kalsahakian
Editor and Layout Design: Maral Dikbikian
Cover: Bogdan Matei

ArmenianCultural.com series

@2023 Manoug Hagopian and Consider Consultancy